Frag doch mal ... die Maus!

cbj

FRAG doch mal …

Armin Maiwald

Wie funktioniert das eigentlich?

Sachgeschichten
mit Armin Maiwald

cbj

cbj ist der Kinder- und Jugendbuchverlag
in der Verlagsgruppe Random House

Unser herzlicher Dank gilt Jochen Lachmuth von der Redaktion der »Sendung mit der Maus«.

FSC
www.fsc.org
MIX
Aus verantwortungsvollen Quellen
FSC® C005833

Verlagsgruppe Random House FSC-DEU-0100
Das FSC®-zertifizierte Papier für dieses Buch
Profibulk von Sappi liefert IGEPA

1. Auflage
Erstmals als cbj Taschenbuch April 2011
Gesetzt nach den Regeln der Rechtschreibreform

Mit Fotos und Zeichnungen von Armin Maiwald mit Ausnahme von
S. 3 WDR/Dirk Borm, S. 9 WDR/Bettina Fürst-Fastré und
S. 50 bis S. 54, Nagel eingeschlagen und Zange: Kai von Westermann.
S. 96–98, Kondensator im Sensor: Prof. Dr. Manfred Schütz.
S. 163 und S. 164, Historische Gabeln: Deutsches Besteckmuseum Bodo Glaub.
Filmbilder: FLASH-Filmproduktion, Armin Maiwald
Mausillustrationen: Ina Steinmetz
Umschlagkonzeption: schwecke.mueller Werbeagentur GmbH, München
Umschlagfotos: Foto Armin Maiwald: WDR/Bettina Fürst-Fastré
Alle weiteren Fotos: Istockphoto (Costin, Mustafa Deliormanli, Kenneth Cheung,
Antonio Balyesteros, Luis Carlos Torres)
im · Herstellung: CZ
Layout und Satz: Sabine Hüttenkofer, Großdingharting
Reproduktion: Wilhelm Vornehm PreMedia, München
Druck und Bindung: Těšínská tiskárna, a. s., Český Těšín
ISBN 978-3-570-22236-2
Printed in the Czech Republic

www.cbj-verlag.de

Inhalt

Dank an alle, die mir bei diesem Buch geholfen haben:

An Gaby Lorenz-Schayer, die das ganze Projekt angestiftet hat.
An Jan Marschner, der mir während der Schreiberei viel Arbeit abgenommen hat.
An Ulrich Sonnenberg, der mir das Lenkmodell zur Verfügung gestellt hat.
An Herrn Müller von der IHK Koblenz, der die realen Lenkgehäuse für mich hat aufsägen lassen.
An Herrn Weingartz, der mir bei den Schaltplänen für Klingel und Treppenhauslicht auf die Sprünge geholfen hat.
An Herrn Prof. Dr. Manfred Schütz von der Uni Saarbrücken sowie Werner und Gabi Stetzenbach, die mich bei der Darstellung des Airbag unterstützt haben.
An Dr. Dieter van Wulffen, der mir den Draht dazu gelegt hat.
An Astrid Posegga, die mich in die Leonardo da Vinci-Ausstellung geschleift hat.
An Kai von Westerman, Peter Torringen und Eileen Shaw aus meinem Team, die mir immer dann geholfen haben, wenn mir eine dritte Hand fehlte.
An Anette Weiß vom Verlag, die immer Geduld hatte, wenn ich immer noch nicht weiterkam.

Vorwort

Was? Schon wieder ein Buch? Und sogar noch eins über Technik? Das kann ja ganz schön langweilig werden …

Abwarten und erst mal reinschauen. Ich habe nämlich versucht, Dinge, die uns täglich umgeben, so darzustellen, dass man danach einen etwas besseren Durchblick hat.

Das Buch umfasst 40 Kapitel, und weil ein Bild manchmal mehr sagt als tausend Worte, habe ich versucht, fast alles anhand von Fotos und Zeichnungen deutlich zu machen. Vieles musste ich auch ein bisschen vereinfachen, damit es nachvollziehbar wird. Ich hoffe, alle Profis, die dieses Buch in die Hand bekommen, drücken ein Auge zu. Und sollten sich trotz aller Mühe Fehler eingeschlichen haben, streue ich schon jetzt Asche auf mein Haupt.

Die Fragen, die ich in diesem Buch beantworte, stammen von Kindern. Sie schreiben an »Die Sendung mit der Maus« und stellen uns vor die Aufgabe, Antworten zu finden. Und das ist oft ziemlich knifflig.
Im ersten Augenblick haben wir nämlich auch noch keine Antwort auf Lager. Wir müssen erst herausfinden, wie etwas funktioniert oder gemacht wird. Das nennt man dann »Recherche« und das dauert eine gewisse Zeit.

Wenn wir selbst begriffen haben, um was es geht, fangen wir an, daraus eine Geschichte zu machen. Deswegen ist auch klar, dass wir nicht jede Frage, die zum Beispiel heute bei uns ankommt, schon am nächsten Sonntag in der »Sendung mit der Maus« beantworten können.

Vielleicht hilft da dieses Buch weiter. Denn das kann man jederzeit aus dem Regal nehmen und nachschauen. Selbstverständlich können wir nicht alle Fragen, die Ihr habt, in einem Buch beantworten. Dann müsste das Buch mehrere Tausend Seiten haben ... Aber dafür haben wir Themen ausgewählt, die Euch besonders interessieren, nach denen Ihr öfter gefragt habt.

Und jetzt kann ich nur noch sagen: Schaut mal rein. Vielleicht findet Ihr ja die Antwort auf die eine oder andere Frage, die Euch schon immer auf den Nägeln gebrannt hat.

Viel Spaß beim Lesen,

Euer Armin

Liebe und hochgeschätzte neugierige Kinder!

Nun muss ich etwas tun, was ich hasse, wie der Teufel das Weihwasser. Ich muss nämlich eine Warnung aussprechen. Vielleicht wird der eine oder die andere durch das Buch auf die Idee gebracht, das Gelesene selbst auszuprobieren. Das ist im Prinzip auch der beste Weg, etwas wirklich zu verstehen. **Aber Vorsicht mit Strom oder Spannung!** Solange ihr etwas mit einer Taschenlampenbatterie machen könnt, kein Problem. Auch mit dem Strom von der Modelleisenbahn bis etwa hin zu 12 Volt ist alles noch harmlos. Vieles lässt sich auch mit einem Technik-Baukasten ausprobieren. Aber beim »normalen Strom« aus der Steckdose: Pfoten weg! Das solltet ihr wirklich nur dann tun, wenn ein Erwachsener dabei ist, der sich mit Strom auskennt. Elektrische Leitungen oder Drähte dürft ihr nur dann aufschneiden und anschauen, wenn sie nicht angeschlossen sind. Und nie etwas anpacken, das noch unter Strom steht. Erst Stecker aus der Steckdose ziehen. Ihr sollt ja keinen Schaden nehmen. Also: bleibt neugierig, aber seid vorsichtig dabei.

In diesem Sinne,
Euer Armin

1 Was ist das Geheimnis beim Lichtschalter?

Lichtschalter gibt es in allen möglichen Formen und Farben.

Wenn man bei einem mal die Abdeckung abnimmt, kann man noch nicht viel erkennen. Aber was passiert da eigentlich, wenn man auf den Lichtschalter drückt?

Einen Lichtschalter kann man mit einer Drehbrücke oder auch mit einer Hebebrücke vergleichen.

Das ist so eine Drehbrücke über einer Hafeneinfahrt. Solange sie geschlossen ist, können Fußgänger, Radfahrer und Autos darübergehen oder -fahren.

Hat sich die Drehbrücke aber gedreht, ist die Straße gesperrt. Die beiden Ufer sind nicht mehr miteinander verbunden, da klafft jetzt eine große Lücke und niemand kann mehr herüber oder hinüber.

Aber wo soll die Brücke bei einem Lichtschalter sein und wer oder was geht dadrüber?

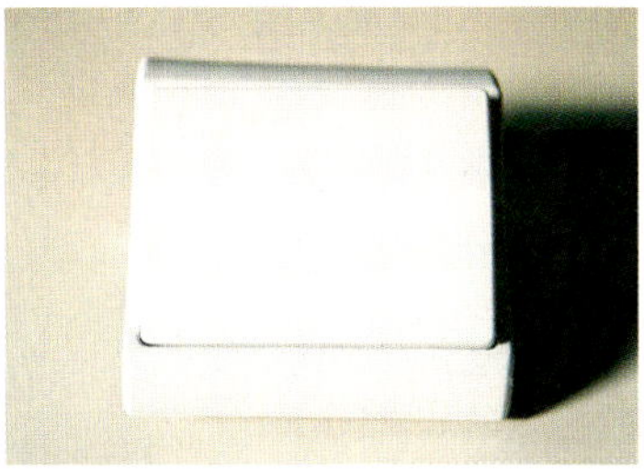

Wir schauen uns so einen Lichtschalter mal genauer an.
Der sieht so aus.

Nimmt man nun das, wo man draufdrückt ab, ist von der »Brücke« noch nichts zu sehen.

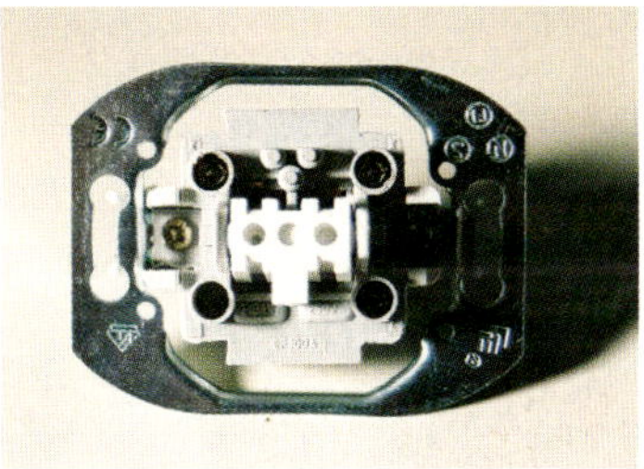

Ohne die Kunststoffverkleidung wird der Metallring sichtbar, mit dem der Schalter in der Wand befestigt ist.

Entfernt man nun auch noch den Metallring, kommt man dem eigentlichen Innenleben des Schalters schon näher:

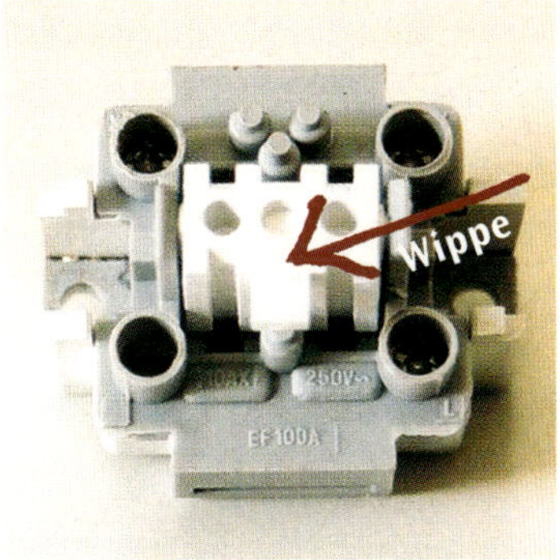

Das Weiße in der Mitte ist die sogenannte **Wippe**, die den Strom ein- oder ausschaltet. Oder, um bei unserem Vergleich zu bleiben, die »Brücke« schließt oder öffnet. Aber wie macht der Schalter das? Dazu müssen wir die Wippe rausnehmen.

Darunter, das glänzende Metallplättchen, das ist die eigentliche »Brücke«. Aber so kann man immer noch nicht sehen, wie sie funktioniert. Von der Seite erkennt man das – oder genau genommen die glänzenden Metallplättchen – viel besser.

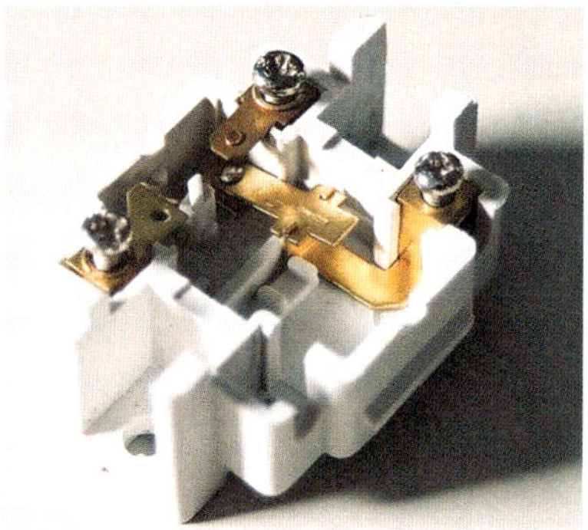

Aber eine wichtige Sache fehlt uns noch: die Anschlusskabel, die dafür sorgen, dass der Strom überhaupt erst fließen kann. Die sind normalerweise in der Wand versteckt, das sind die blauen Teile im nächsten Foto.

Hier kann man oben links sehen, dass das Metallplättchen unten liegt, die »Brücke« ist also noch nicht geschlossen, es kann kein Strom fließen.

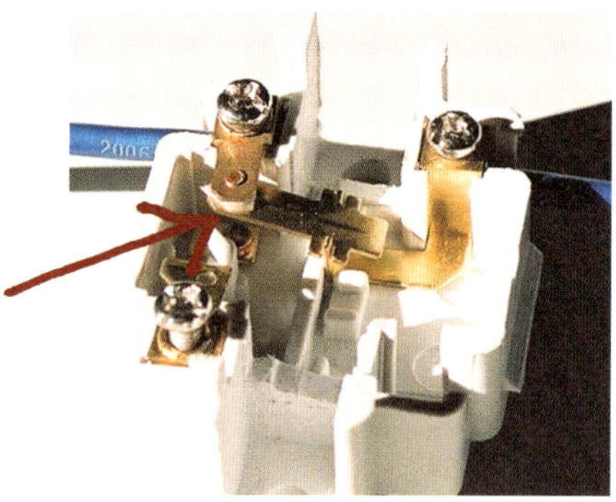

Bei diesem Bild ist das Metallplättchen oben, die »Brücke« ist geschlossen und die Elektronen, die uns schon bei der Frage zur Glühlampe begegnet sind, können jetzt loswandern zur Lampe.

Aber wir wissen immer noch nicht, wie sich die Brücke mithilfe der Wippe schließt. Dazu müssen wir die Wippe wieder draufmachen und durch ein Loch von der gegenüberliegenden Seite (da, wo jetzt die blauen Anschlusskabel angeklemmt sind) in den Schalter hineinschauen.

Jetzt sieht man durch das Loch, wie die Wippe die »Brücke« rechts nach unten drückt. Dadurch ist sie offen, der Strom kann nicht fließen.

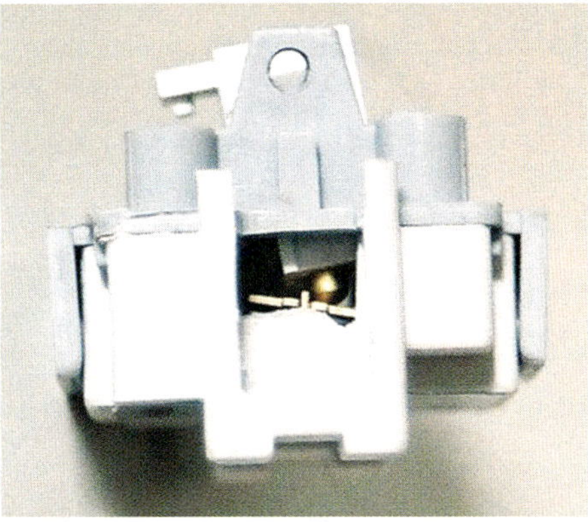

Jetzt drückt die Wippe das Metallplättchen rechts nach oben. Die »Brücke« ist damit geschlossen und die Elektronen können darüberwandern. Das Licht geht an.

Das Geheimnis des außen so großen Lichtschalters liegt also in einem winzig kleinen Metallplättchen, das man normalerweise gar nicht sehen kann.

2 Was »brennt« an einer Glühlampe?

Ja, ja, die gute alte Glühlampe. Seit über hundert Jahren hat sie uns gute Dienste erwiesen, jetzt wird sie aus unserem Leben verbannt. Warum? Das erfahrt ihr ein bisschen später.

Man sagt ja immer: »Das Licht brennt«, wenn man auf den Lichtschalter gedrückt hat. Aber brennt da wirklich etwas? Nein, es brennt nichts, das wäre auch viel zu gefährlich. Also, wo kommt dann das Leuchten her und wie entsteht das Licht?

Wenn man sich einmal umschaut, merkt man, dass es eine unglaublich große Menge an unterschiedlichen elektrischen Lichtquellen gibt. Von der Leuchtstoffröhre bis zur Energiesparlampe, von den Straßenlaternen oder vom Flutlichtstrahler im Stadion bis zur Taschenlampe mit Leuchtdioden.

Jede dieser Lichtquellen funktioniert nach einem anderen Prinzip. Allen gemeinsam ist aber, dass ohne Strom gar nichts geht. Wie das Leuchten zustande kommt, kann man sich gut am Beispiel einer einfachen Glühlampe klarmachen.

Übrigens:
Die meisten Menschen sagen nicht »Glühlampe«, sondern »Glühbirne«, weil sie so eine Form hat, aber dabei werden alle Profis immer ganz wütend und sagen verkniffen: Eine Birne ist eine Frucht, und was wir hier machen, hat nichts mit Obst zu tun. Der richtige Begriff ist Glüh»lampe«, und damit sind dann auch alle Techniker zufrieden.

Das Geheimnis liegt in einem winzig dünnen Faden aus einem Metall, das **Wolfram** heißt. Wolfram, genauso wie der Vorname von manchen Jungen. Dieser Metallfaden ist viel dünner als zum Beispiel ein Faden, mit dem man sich einen Knopf an die Jacke näht. Er ist sogar noch dünner als ein Menschenhaar.

Der Faden ist auch nicht glatt, sondern »gewendelt«. Was das ist, kann man sich am besten vorstellen, wenn man einen dünnen Draht nimmt und den immer wieder um einen runden Stab oder eine Stricknadel wickelt.

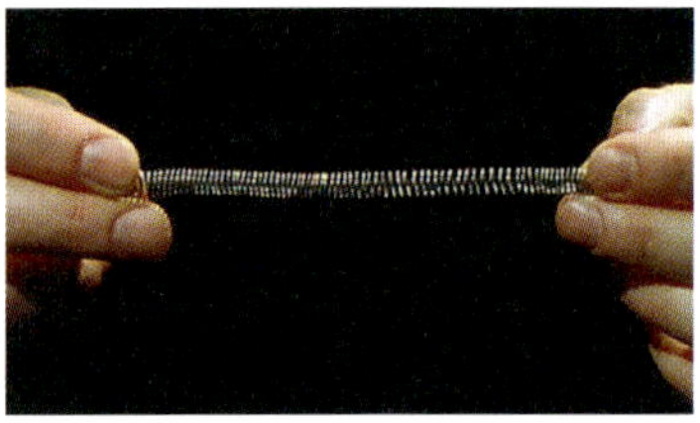

So entsteht eine Spirale.
Das wäre der erste Streich.

Wickelt man die so gewonnene Spirale jetzt noch einmal um einen etwas dickeren runden Stab, hat man eine Doppelspirale. Das wäre der zweite Schritt.

Und genauso ist es auch bei der Glühlampe: Das, was die Helligkeit erzeugt, ist eine winzig feine Doppelspirale. Die Fachleute nennen sie **Doppelwendel**.

Diese Doppelwendel brennt zwar nicht, aber sie glüht. Und dadurch, dass sie glüht, wird sie immer heller und leuchtet. Aber wie kommt das Glühen überhaupt zustande? Die Glühlampe hängt ja schließlich ganz friedlich an der Decke.

Ihr ahnt es wahrscheinlich schon: Es gibt etwas, ohne das keine Lampe funktionieren würde, den Strom.

→ Unter einem »Strom« versteht man normalerweise einen großen Fluss. Dass man das Wort »Strom« auch für die Elektrizität benutzt, ist eine Eselsbrücke, damit man sich etwas, was man nicht sieht, besser vorstellen kann.

Der Wasser-»Strom« besteht aus unendlich vielen Wassertropfen. Vom Ufer aus kann man die einzelnen Tröpfchen aber nicht sehen.

Auch der elektrische Strom besteht aus unendlich vielen winzigen Teilchen, die man Elektronen nennt. Und obwohl man diese auch nicht sehen kann, sind sie da und wandern durch die elektrischen Kabel oder Leitungen. Wegen dieser »Elektronenwanderung« sagt man auch: Der Strom »fließt«. Und diese wandernden Elektronen bringen den dünnen Faden in der Lampe schließlich zum Glühen.

Um zu verstehen, wie das genau funktioniert, muss man wieder das Wasser zu Hilfe nehmen: Jeder kennt die Feuerwehr. Die hat zum Löschen dicke Wasserschläuche. So einen dicken Schlauch kann man an einen Hydranten anschließen. (Ein Hydrant ist so etwas wie ein unterirdischer Wasserhahn.)

Wenn man den Hydranten jetzt öffnet, fließt das Wasser durch den dicken Schlauch und plätschert am offenen Ende ganz gemütlich auf den Boden runter.

Schließt man jetzt aber an das offene Ende des Schlauches eine Feuerwehrspritze an, geschieht etwas Merkwürdiges: Das Wasser, das eben noch so ruhig auf den Boden geplätschert ist, spritzt plötzlich in einem hohen Bogen weit weg und trifft – zum Beispiel – das nächste Haus. Warum das so ist?

Eigentlich ganz einfach: Die Menge an Wasser, die vorher in dem dicken Schlauch ganz ruhig fließen konnte, muss jetzt vorne in der Spritze durch ein ziemlich kleines Loch hindurch. Da von hinten aber immer mehr Wasser aus dem dicken Schlauch nachdrückt, schafft es das Wasser nur, wenn es vorne durch das dünne Loch schneller wird. Und weil es schneller wird, spritzt es dann auch weiter.

Merken muss man sich davon nur: Wenn eine bestimmte Menge von »irgendwas« von einem bequemen »breiten Weg« plötzlich durch einen »engen Durchgang« durchgepresst wird, geht das nur, wenn es in dem »engen Durchgang« die Geschwindigkeit erhöht.

Und damit sind wir wieder bei der Glühlampe. Der elektrische Strom, der die Lampe leuchten lässt, kommt durch eine Leitung, die meist in der Wand versteckt ist und die man normalerweise nicht sieht. (Das ist die mit der blauen Kunststoffummantelung.) Diese Leitung kann man mit dem dicken Feuerwehrschlauch vergleichen. In ihr können sich die Elektronen ganz gemächlich fortbewegen.

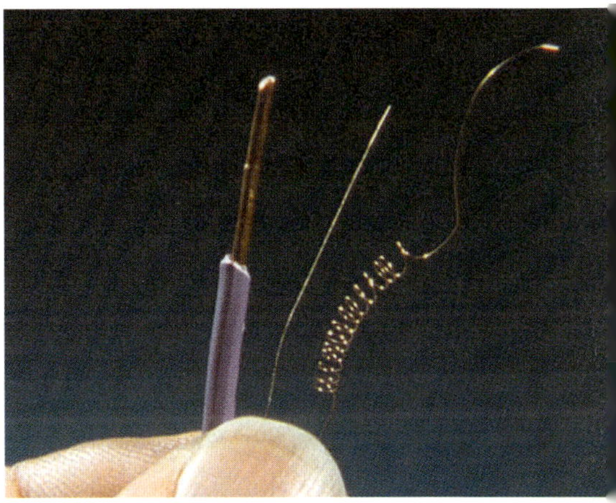

Irgendwann kommen sie dann aber an das winzig feine, doppelt gewendelte Drähtchen in der Glühlampe. Und durch dieses winzige Drähtchen werden die Elektronen richtig durchgepresst. Wie bei der Feuerwehrspritze geht das nur mit größerer Geschwindigkeit.

Und weil die Elektronen tatsächlich »Teilchen« sind, auch wenn man sie nicht sehen kann, reiben sie sich im Vorbeiflitzen an dem dünnen, engen Draht.

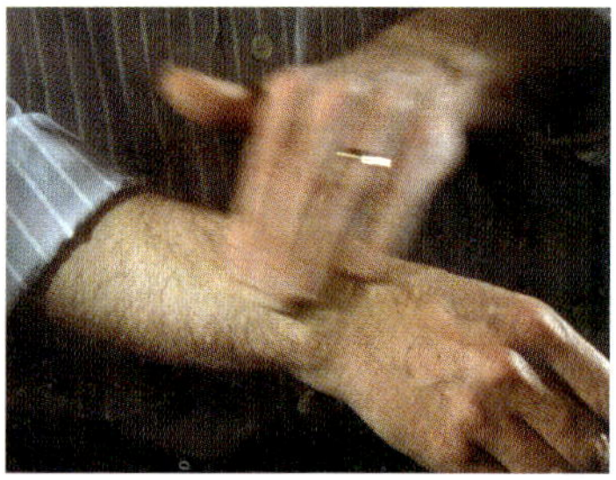

Durch Reibung entsteht Wärme.
Das kann jeder selbst ausprobieren: Wenn man mit der einen Hand schnell über den anderen Unterarm reibt, wird's da ganz warm.

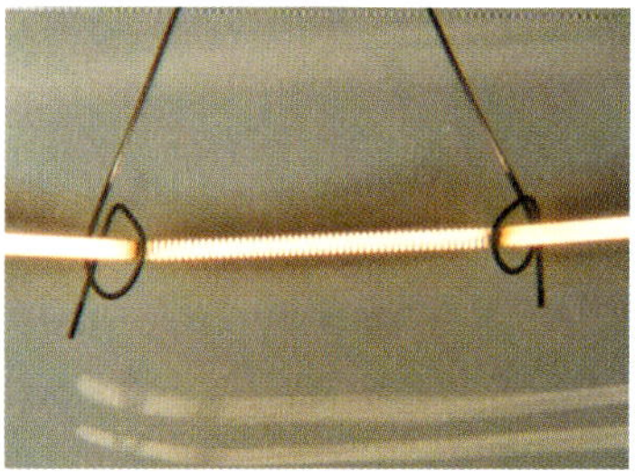

Und so machen die sich durchdrängelnden Elektronen den dünnen Draht erst warm und schließlich so heiß, dass er anfängt zu glühen. Und der hell glühende Draht, das ist das, was leuchtet, das ist das Licht.

Und noch was:
Der glühende Faden in der Lampe brennt nur deswegen nicht, weil in der Glühlampe ein luftleerer Raum ist. Kommt Luft rein, brennt der Glühfaden sofort durch. Man sagt dann auch: Eine Lampe ist »durchgebrannt«.

Etwa 80% der elektrischen Energie wird in der Glühlampe in Wärme umgesetzt, nur etwa 20% in Licht. Und das ist auch der Grund, warum die Glühlampen aus dem Verkehr gezogen wurden. Es gibt andere Lampen, die sparsamer mit dem elektrischen Strom umgehen. Die Wärme kann man auf unserem Bild sogar sehen, das ist der braune Schleier über und unter dem Glühfaden. Deswegen nie eine brennende Glühlampe anfassen, die ist teuflisch heiß.

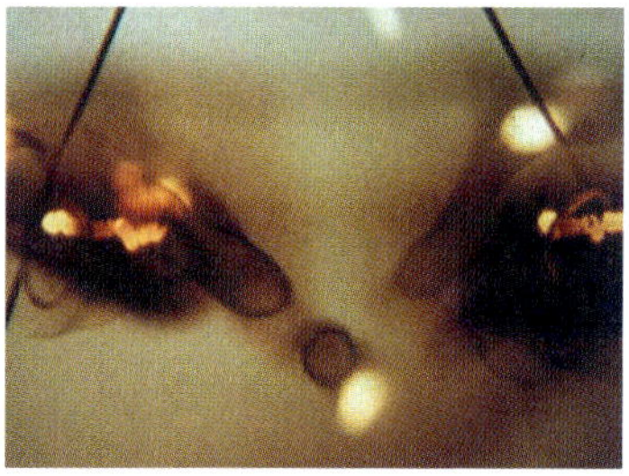

So sieht der Glühfaden im Moment des Durchbrennens aus.

Das Durchbrennen kann noch einen anderen Grund haben. Da sich die Elektronen dauernd durch den dünnen Draht quetschen müssen, bleibt das auch für den Draht nicht ohne Folgen, er verschleißt mit der Zeit.

Winzige Teilchen von dem Draht werden rausgeschleudert. Und so wie ein Pullover, den man jeden Tag anzieht, irgendwann ein Loch hat (meist am Ellenbogen, wo man am häufigsten über die Tischplatte scheuert), bekommt auch der doppelt gewendelte Glühfaden an der am stärksten beanspruchten Stelle ein Loch.

Dann ist der Weg der Elektronen unterbrochen und der Strom kann nicht mehr »fließen«.
Das ist dann das Ende, eine neue Glühlampe muss her.

3 Was ist der Unterschied zwischen Strom und Spannung?

Strom ist eine merkwürdige Sache, er muss in dem Augenblick, in dem er erzeugt wird, auch verbraucht werden. Strom kann man nicht »lagern«.

Stromerzeuger ist das Elektrizitätswerk. Solange es in Betrieb ist, stellt ein Elektrizitätswerk immer Strom her, Tag und Nacht. Und diesen Strom schickt es über Stromleitungen bis zu euch nach Hause.

Aber was ist, wenn jetzt gerade keiner den Strom braucht oder haben will?

Dann ist es auch noch kein **Strom**. Dann nennt man es **Spannung**.

Wenn eine Spannung anliegt – so sagen die Fachleute –, bedeutet das, dass das Elektrizitätswerk arbeitet und dass in den gesamten Leitungen unendlich viele Elektronen nur darauf warten, losspurten zu können, um zu »Strom« zu werden.

Wenn mitten in der Nacht bei euch zu Hause alle Lampen aus sind und – mal angenommen – kein Kühlschrank, kein Herd, keine Heizung, keine Klimaanlage und kein Computer eingeschaltet sind, dann liegt in der ganzen Wohnung zwar »Spannung« an, aber es fließt kein »Strom«.

Damit Strom fließen kann, ist ein sogenannter **Verbraucher** nötig. Das kann eine Lampe sein, der Kühlschrank, der Herd, die Heizung, der Computer oder jedes andere Ding, das mit Strom betrieben wird.

Nun werden vielleicht einige von euch denken: Aber es gibt doch Batterien. Die sind doch dazu da, »Strom« zu speichern. Richtig: Es gibt Batterien und Akkus, darin kann man Elektronen für eine gewisse Zeit einsperren. Das nennt man dann aber nicht Strom, sondern eine **elektrische Ladung**. Strom wird daraus erst, wenn man einen Verbraucher, zum Beispiel eine Taschenlampe, angeschlossen hat.

Es ist also nicht möglich, Strom so zu lagern wie zum Beispiel Kohle oder Kartoffeln, die man für schlechte Zeiten einkellern kann.

4 Was sägt an einer Säge?

Damit man mit einer Säge überhaupt sägen kann, muss das Material der Säge härter sein als das, was durchgesägt werden soll.

Man kann zwar mit einem Sägeblatt aus Metall ein Stück Holz durchschneiden, aber mit einem hölzernen Sägeblatt keinen Stahlträger.

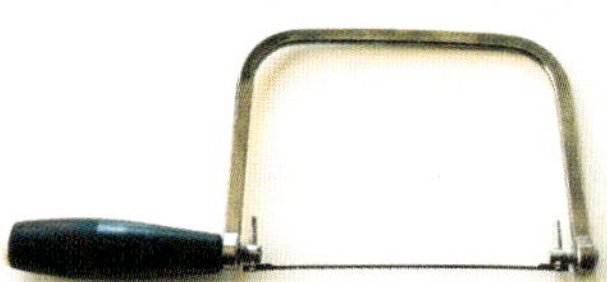

Nun gibt es bei den Sägen natürlich viele verschiedene Typen, solche für Holz, für Bäume, für Eisen, für Stahl, für Stein und ganz feine Laubsägen zum Basteln. Es gibt sie als Bandsägen, als Kreissägen, Fuchsschwänze, Stichsägen, Metallsägen und Feinsägen. Und je nach Anwendung haben die Sägen auch unterschiedlich aussehende Sägezähne: große, kleine, lange, grobe oder feine.

Eines ist aber bei allen Sägen gleich: Die Sägezähne müssen »geschränkt« sein.

Wären sie das nicht, würde sich das Sägeblatt beim Sägen in dem Sägeschnitt festklemmen. Ich zeige euch das mal anhand der Baumsäge, mit der ich da gerade säge.

Schaut man sich das Sägeblatt genauer an, kann man gut erkennen, wie geschränkte Sägezähne aussehen.

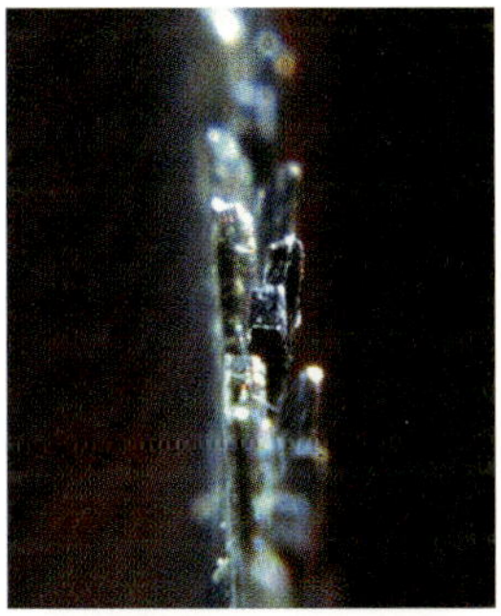

Der erste Zahn ist ein bisschen nach links herausgebogen, der zweite Zahn etwas nach rechts, der dritte wieder nach links und so weiter bis zum Ende des Sägeblatts. Und dadurch, dass die geschränkten Zähne einen Kanal schneiden, der etwas breiter als das Sägeblatt dick ist, wird das Sägeblatt nicht eingeklemmt und bleibt nicht hängen.

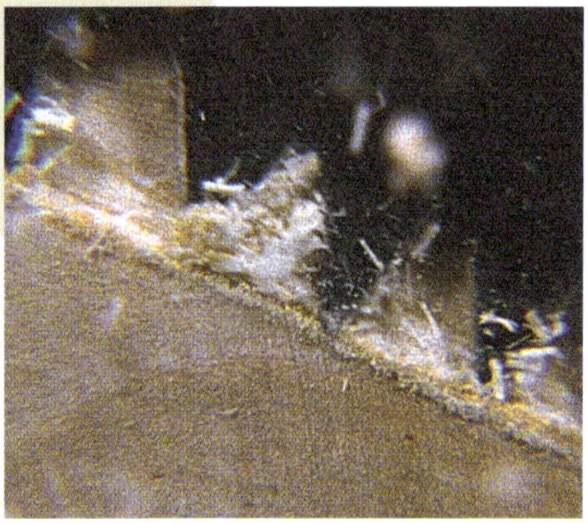 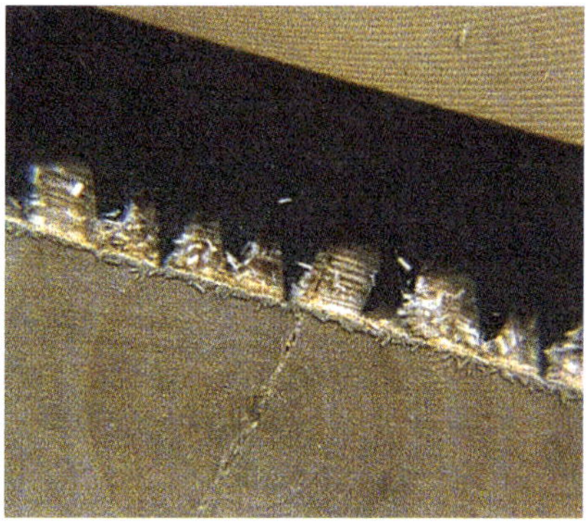

Die einzelnen geschränkten Zähne reißen nun winzige Faserstückchen aus dem Holz.

Indem die Sägezähne immer hin und her gehen, transportieren sie die rausgerissenen Faserstückchen – die nennt man auch »Sägespäne« – bis zu den Enden des Sägespaltes und da fallen sie dann zu Boden.

Bei Baumsägen, mit denen man dicke Stämme durchsägen kann, gibt es neben den geschränkten Zähnen noch doppelzackige Räumzähne – das Ding in der Mitte –, die nur dazu da sind, die von den schneidenden Zähnen produzierten Sägespäne aus dem Sägespalt rauszuräumen.

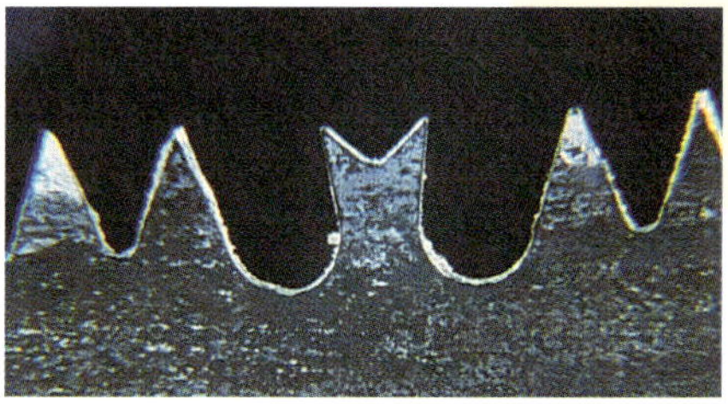

5 Wozu sind eigentlich die silbernen Metallstreifen an der Seite eines Steckers?

Stecker gibt es jede Menge: kleine, große, runde, flache, sechseckige, solche zum Aufladen von Handys, die sogenannten Euro-Stecker und, und, und …

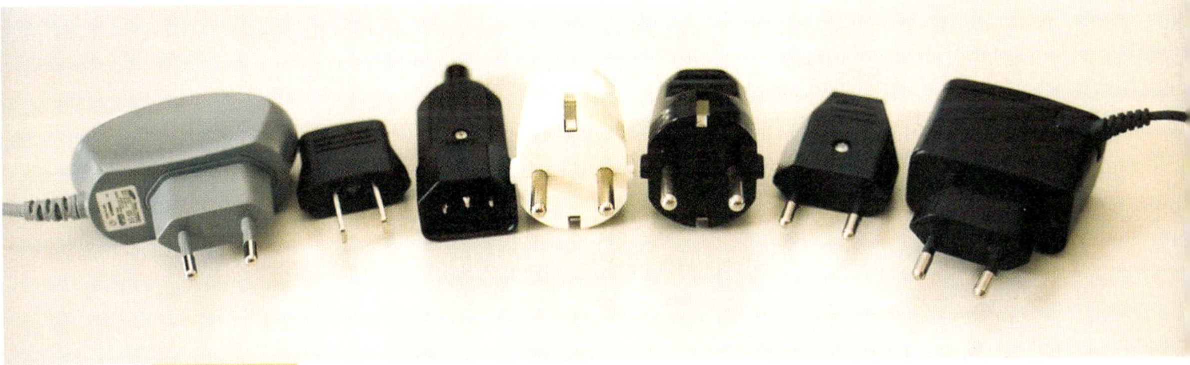

Viele Stecker sind flach und haben nur zwei **Pinne**, mit denen sie den Strom aus der Steckdose holen. Ansonsten bestehen sie fast vollständig aus Kunststoff. Solche Stecker dürfen aber nur an Geräten verwendet werden, die wenig Strom verbrauchen (für die Experten: 2,5 Ampere) und bei denen das Gehäuse nach außen isoliert ist. Das bedeutet, dass das Gehäuse nach außen keinen Strom leiten kann.

Das Radio ist ein Beispiel oder ein Föhn mit Kunststoffgehäuse, eine kleine Stehlampe oder auch das Ladegerät vom Handy.

Aber die bei uns gebräuchlichsten sind die **Schuko-Stecker**. Die haben an der Seite solche silberfarbenen Metallstreifen.
Nur: Wofür sind die da?

Das sind die Schutzkontakte, die dem Stecker vor langer Zeit den Namen Schu-Ko-Stecker beschert haben.
Die sollen verhindern, dass man durch »Fehlerströme« einen elektrischen Schlag bekommt.

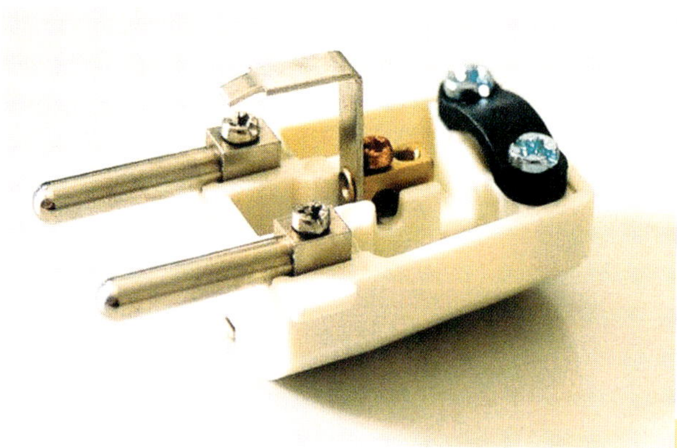

So sieht der Schutzkontakt aus, wenn man den Stecker aufgeschraubt hat.

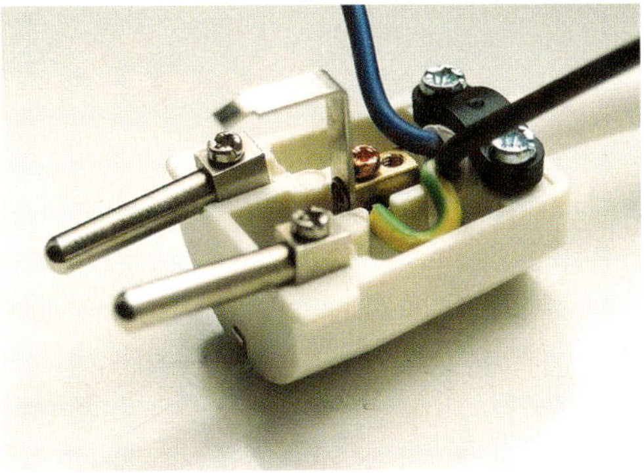

Die silbernen Streifen sind im Inneren des Steckers mit dem grün-gelb gestreiften Kabel verbunden. Diese grün-gelb gestreiften Kabel werden durch das ganze Haus zusammengeführt und am Ende in die Erde abgeleitet. Manche Leute nennen das deswegen auch »Erdung«.

Die Schutzkontakte verhindern also, dass man einen elektrischen Schlag bekommt. Sie dienen der Sicherheit und führen in der Regel keinen Strom. (Wenn doch, ist irgendwo der Wurm drin.)

Der Strom, mit dem man etwas betreiben will, gelangt über die beiden herausstehenden Pinne in den Stecker und von da in das Kabel.

Von diesem gesamten Innenleben sieht man natürlich nichts, wenn der Stecker zugeschraubt ist.

6 Wie funktioniert ein Filzschreiber?

Das Verrückteste zuerst: An dem gesamten Ding, das wir normalerweise »Filz«-Schreiber nennen, ist nicht das kleinste Fitzelchen Filz.

Richtig müsste er eigentlich »Faserschreiber« heißen, weil das, womit man schreibt, aus dicht nebeneinanderliegenden Fasern besteht. Aber so sagt ja niemand, also lassen wir's dabei.

Und wie funktioniert der nun? Ein Filzschreiber hat in seinem Griff eine Art Tank, in dem eine besondere Tinte drin ist. Vorne ist eine Spitze, mit der man schreibt.

Sowohl der Tank als auch die Spitze funktionieren nach dem Prinzip der **kapillaren Röhren**. Was soll das nun heißen? Wir machen dazu ein kleines Experiment.

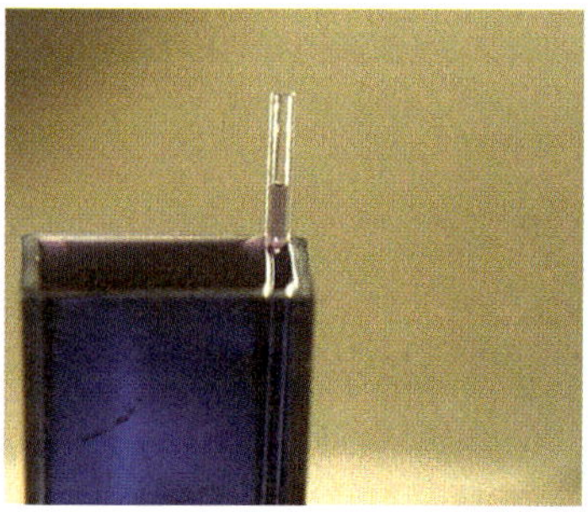

Steckt man ein dünnes Röhrchen in ein Gefäß mit Tinte, dann steigt die Tinte in dem Rohr höher als die Flüssigkeit in dem Behältnis. Das kann man auf dem Bild deutlich sehen.

Steckt man jetzt ein noch dünneres Röhrchen in das erste, dann steigt die Tinte darin sogar noch höher.

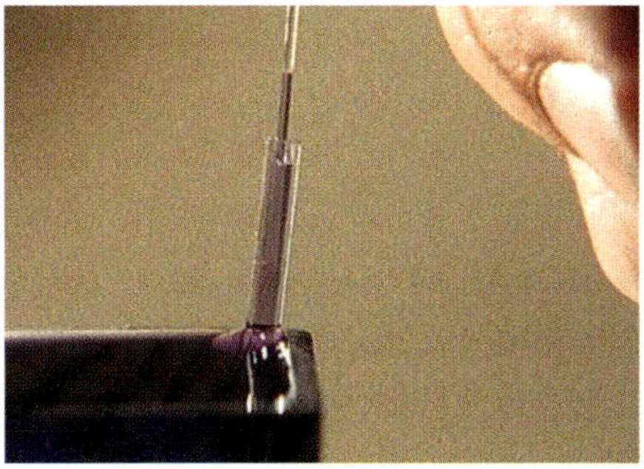

Je dünner eine Röhre innen ist, desto höher steigt die Flüssigkeit darin hoch.
Das ist kein Zaubertrick, sondern ein physikalisches Phänomen. Ein »Phänomen« ist eine ungewöhnliche Erscheinung oder ein ungewöhnliches Ereignis. Man weiß, dass es funktioniert, aber man kann nicht genau erklären, warum das so ist.

Jedenfalls: Nach diesem Prinzip holen sich Pflanzen und selbst die höchsten Bäume das Wasser aus dem Boden und transportieren es bis in ihre höchsten Spitzen.

Taucht man jetzt ein zusammengerolltes Stück Papiertaschentuch in die Tinte, dann saugt das Papier die Flüssigkeit nach oben. Das Papiertaschentuch besteht nämlich aus winzig kleinen Fasern, die ganz dicht nebeneinanderliegen. Und die Zwischenräume zwischen den einzelnen Fasern ziehen – genauso wie eben die Glasröhrchen – die Tinte hoch.

Aber zurück zum Filzschreiber: Als Tank dient hier eine Art Watte.

So sieht der Tank von vorne aus, und unter dem Mikroskop erkennt man, dass er aus einzelnen Fasern besteht. Die Zwischenräume zwischen den einzelnen Wattefasern verhalten sich nun genauso wie das Papiertaschentuch und die kapillaren Röhren.

In der Fabrik werden diese Tanks jetzt in die Hüllen geschoben, in die Griffe, an denen man später den Stift anfasst.

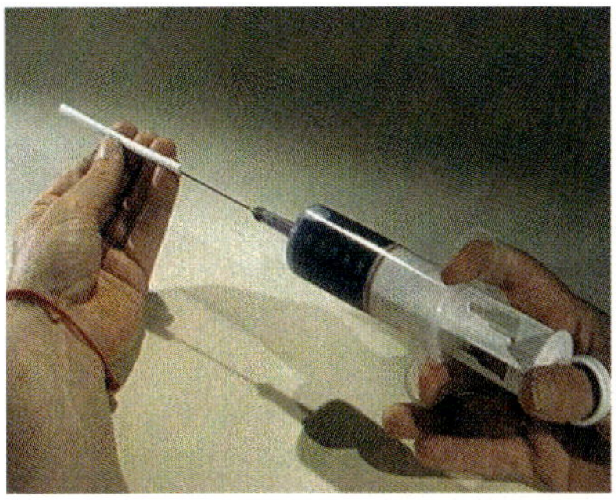

Im nächsten Schritt wird in diese Tanks die Tinte hineingespritzt. Natürlich nicht mit der Hand, wie ich das hier mache, sondern maschinell. Nur: Davon kann man nichts sehen.

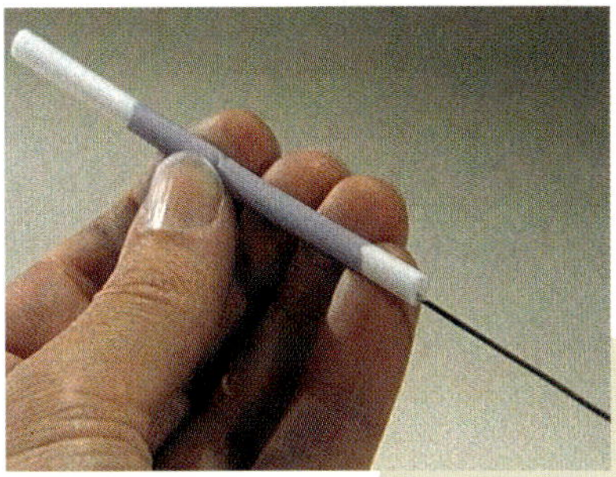

Gut, jetzt hat man die Tinte im Tank, aber wie kommt die nach vorne zur Schreibspitze?

Dazu müssen wir uns die Spitze noch mal genauer ansehen.

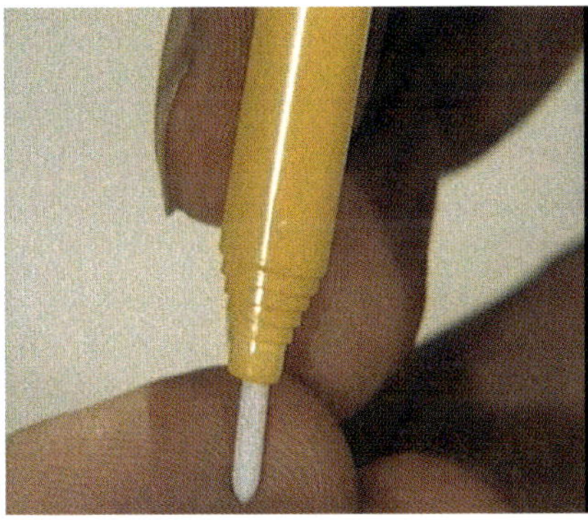

Unter dem Mikroskop erkennt man, dass auch die Spitze aus vielen einzelnen Fasern besteht. Aber die Fasern der Spitze sind noch viel feiner als die Fasern im Tank. Deshalb sind auch die Zwischenräume zwischen den Fasern feiner und verhalten sich wie ganz dünne Röhrchen. Und weil die dünneren Röhrchen eine stärkere Zugkraft haben als die Zwischenräume in der Tankwatte, gelingt es der Schreibspitze, die Tinte aus dem Wattetank herauszuziehen.

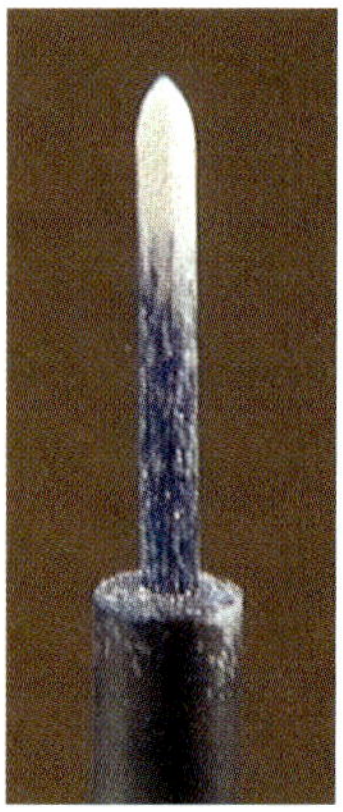

Jetzt können wir mit dem Stift schreiben.

Hier sieht man, wie die Schreibspitze gerade die Tinte aus dem Tank zieht. Der Deutlichkeit halber haben wir bei unserer Aufnahme den Augenblick abgepasst, an dem die Tinte noch nicht bis ganz nach vorne zur Spitze gekommen ist.

Und noch etwas ist interessant: Im Gegensatz zu unserem Filzschreiber kann man mit einem Kugelschreiber nicht »über Kopf« schreiben. Nimmt man einen Kugelschreiber und versucht, damit etwas an der Wohnzimmerdecke zu schreiben, hört der Spaß bald auf.

Die Erdanziehung lässt die Schreibflüssigkeit nicht mehr bis an die Kugel der Kugelschreiberspitze kommen, die wird trocken und funktioniert nicht mehr.

Mit einem **Filzschreiber** hingegen kann man »über Kopf« schreiben. Die kapillare Wirkung ist so stark, dass sie sogar die Erdanziehung übertrifft.

7 Wie kommt beim Füller die Tinte aufs Papier?

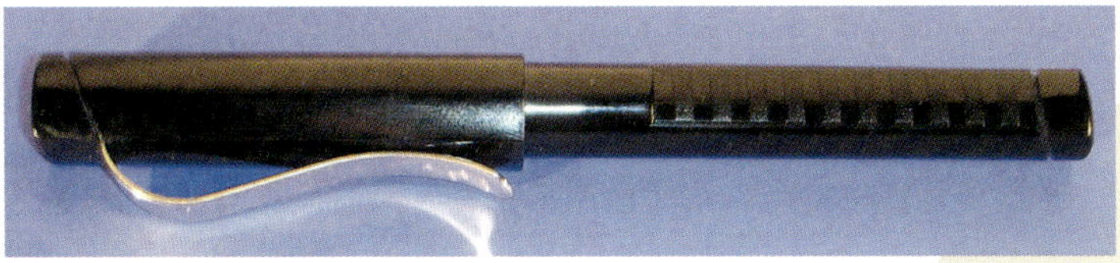

So sieht ein Füller aus, wenn man ihn kauft oder wenn er im Mäppchen liegt.

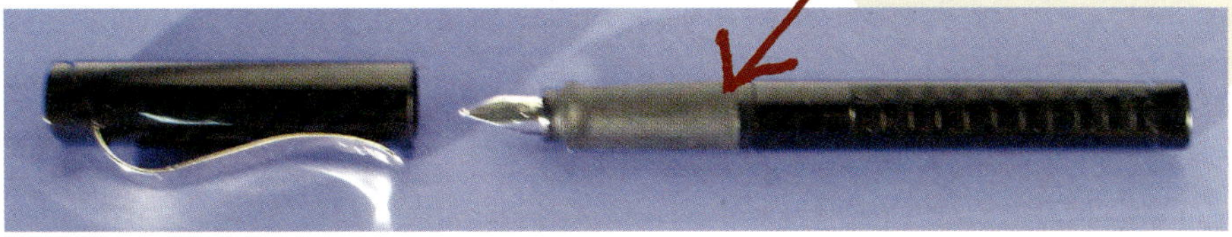

Und so, wenn man die Kappe abzieht, um damit zu schreiben.

Um euch zu zeigen, wie die Tinte aufs Papier kommt, musste ich diesen Füller aufsägen, und zwar genau unter der Stelle, an der man ihn normalerweise anfasst. Ich habe die Stelle im Bild oben markiert.

In der Mitte ist da so etwas wie eine kleine Säule. Und wenn man ganz genau hinschaut, sieht man mitten in der Säule ein kleines Loch. Das ist entscheidend. Denn auch der Füller arbeitet mit der **kapillaren Wirkung**.

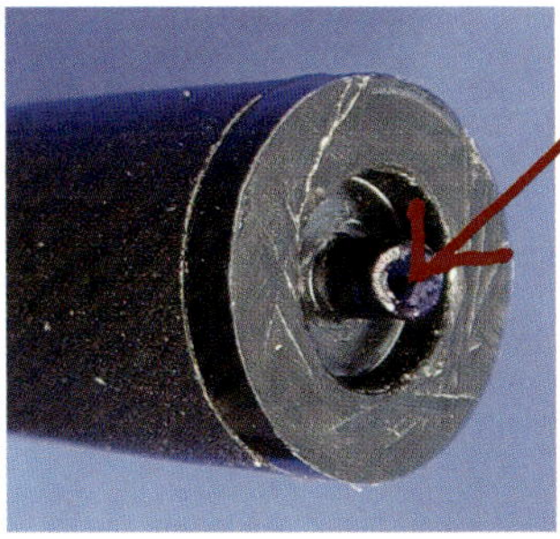

Auf die Säule mit dem Loch wird der Tintentank gesteckt. Der Tank bei einem Füller ist nicht wie beim Filzschreiber aus Watte, sondern aus Glas oder Kunststoff. Der hier ist noch leer.

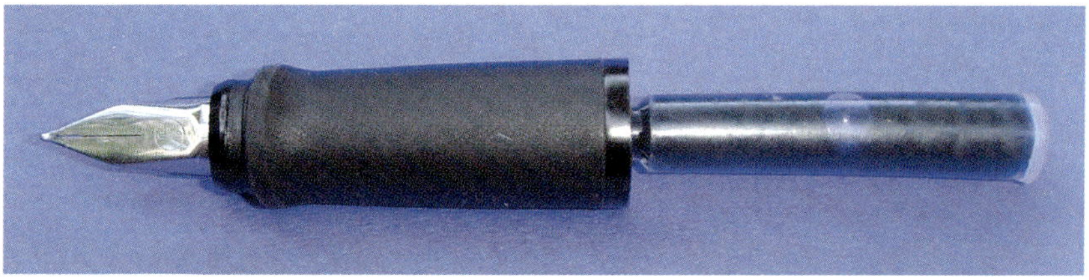

Steckt man jetzt einen mit Tinte gefüllten Tank darauf, zieht das dünne Loch, das nur der Anfang eines kleinen Röhrchens ist, die Tinte aus dem Tank. Aber wohin?

Wir nehmen den Füller weiter auseinander und entdecken, dass im Griff so etwas wie ein Zwischentank ist. Der sieht von oben so aus.

Und von unten so:

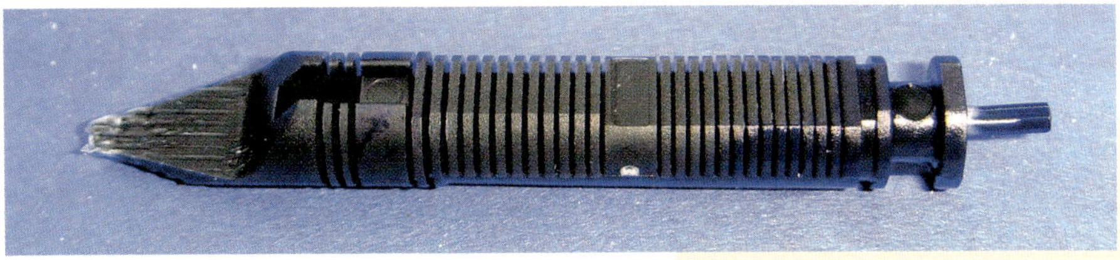

Da sind viele feine Kammern, die sich mit der Tinte füllen können. Und genau da gelangt die Tinte aus dem Tank auch zunächst hin.

Das Wichtigste aber ist der dünne Schlitz in der Feder. So sieht er unter einem Mikroskop aus. Und wenn man genau hinschaut, merkt man, dass der zur Spitze hin immer dünner wird. Dieser Schlitz zieht die Tinte aus dem Zwischentank bis in die Spitze der Schreibfeder.

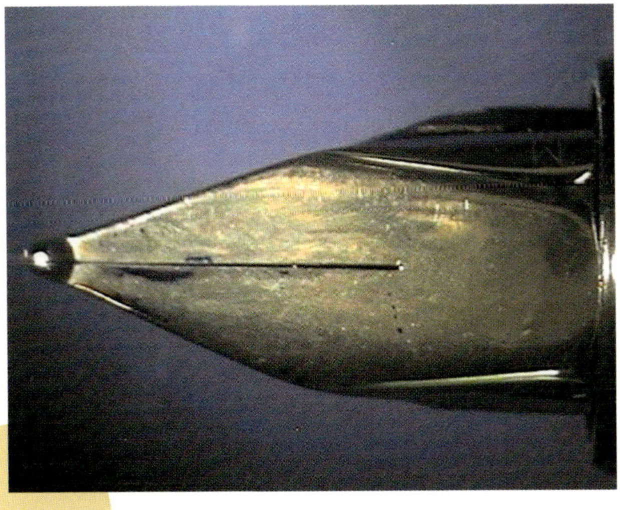

Wenn ich damit jetzt meinen Vornamen schreibe, sieht der unter dem Mikroskop so aus. Man erkennt nur die ersten drei Buchstaben.

Wenn man aber eine noch stärkere Vergrößerung wählt und sich nur einen einzigen Strich von diesen Buchstaben anschaut, dann sieht der so aus:

Man hat das Gefühl, die Tinte ist verlaufen – und in Wirklichkeit ist sie das auch. Da das Papier aus vielen feinen Fasern zusammengesetzt ist, zwischen denen noch viel feinere Zwischenräume sind als bei dem Schlitz in der Feder, zieht die kapillare Wirkung des Papiers die Tinte von der Feder auf das Papier.

Ganz einfach eigentlich, wenn man weiß, wie es geht.

8 Warum passt nicht jeder Schlüssel in jedes Schloss?

Wahrscheinlich hat jeder von euch schon mal eine Tür auf- oder abgeschlossen und weiß, dass man dazu den Schlüssel rumdrehen muss. Wenn sich etwas rumdrehen lässt, muss dadrin im Schloss auch etwas Rundes sein, denn nur etwas Rundes lässt sich drehen. Und dieses runde Ding im Schloss wird Schließzylinder genannt.

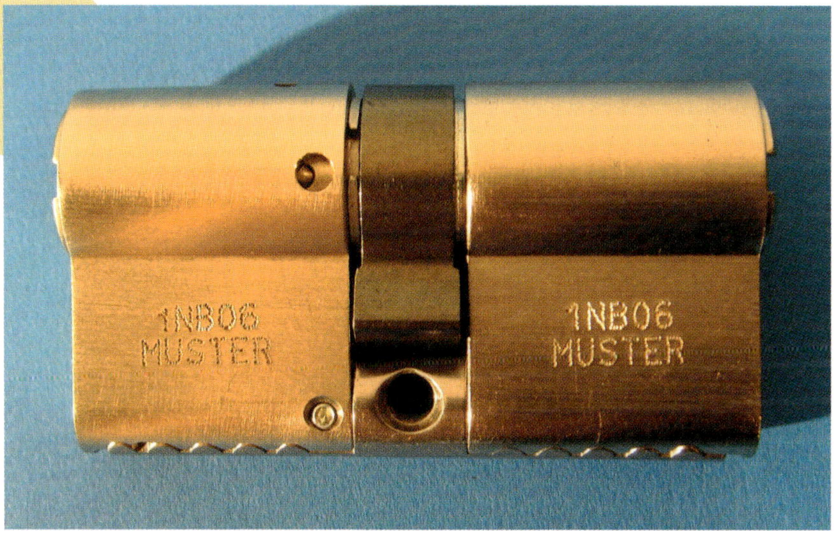

So sieht das Schloss in der Tür aus, aber vom eigentlichen Schließzylinder sieht man noch nichts. Dazu müssen wir uns ein durchsichtiges Schloss besorgen.

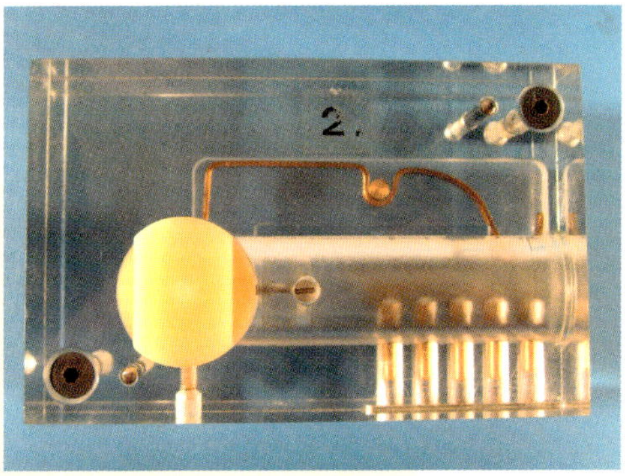 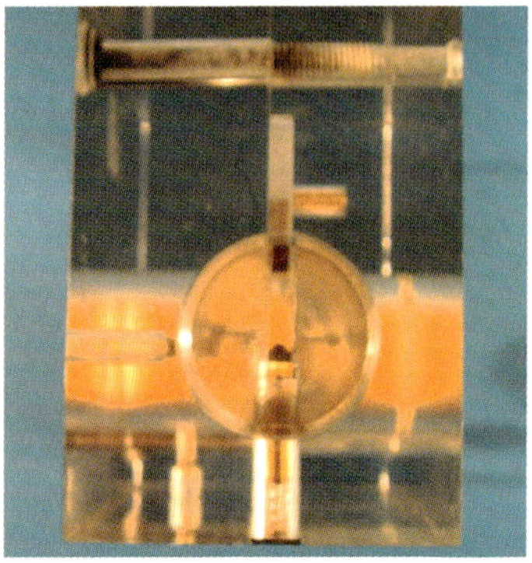

Auf dem linken Bild seht ihr so ein durchsichtiges Schloss. Rechts von dem gelben Kreis, das ist der **Schließzylinder**. Auf dem rechten Foto sieht man ihn von vorne, von da also, wo der Schlüssel reingesteckt wird. Er ist wirklich rund.

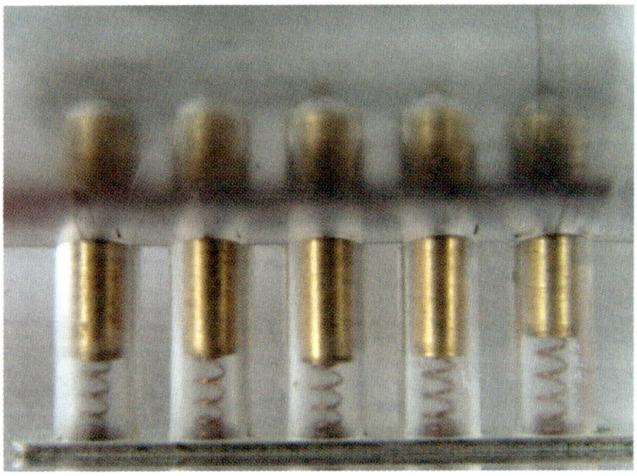

Damit daraus ein Schloss wird, sind in den Schließzylinder eine ganze Reihe von Löchern gebohrt. Die zeigen in der Regel nach unten.

In diese Löcher greift jetzt eine Reihe von Stiften hinein. Unter jedem einzelnen Stift ist eine Feder, die den Stift nach oben in das jeweilige Loch des Schließzylinders hineindrückt. Und wenn die Stifte drin sind, kann man den Zylinder nicht mehr drehen. Deswegen nennt man diese Dinger auch **Zuhaltungen**, weil sie das Schloss »zu«halten. Und das ist schließlich der Sinn eines Schlosses, dass die Tür auch zubleibt, wenn das Schloss abgeschlossen ist.

Je nach Qualität und Preis hat ein Türschloss unterschiedlich viele Zuhaltungen.

Nun wird es etwas komplizierter, es ist nämlich noch ein Trick dabei: Die auf den Federn gelagerten Stifte sind in zwei unterschiedlich lange Stücke geteilt. Das sieht man an den kleinen dunklen Strichen unterhalb vom Schließzylinder.

Und jetzt kommt der Schlüssel ins Spiel: Wenn man sich Schlüssel mal genau anschaut, haben die unterschiedlich hohe Zacken. Das habt ihr bestimmt schon mal gesehen.

Und diese Zacken sind so eingefräst, dass nur der richtige Schlüssel die unterschiedlich geteilten Zuhaltungen in genau die Stellung zurückdrückt, die es ermöglicht, dass sich der Schließzylinder drehen lässt und das Schloss geöffnet werden kann.

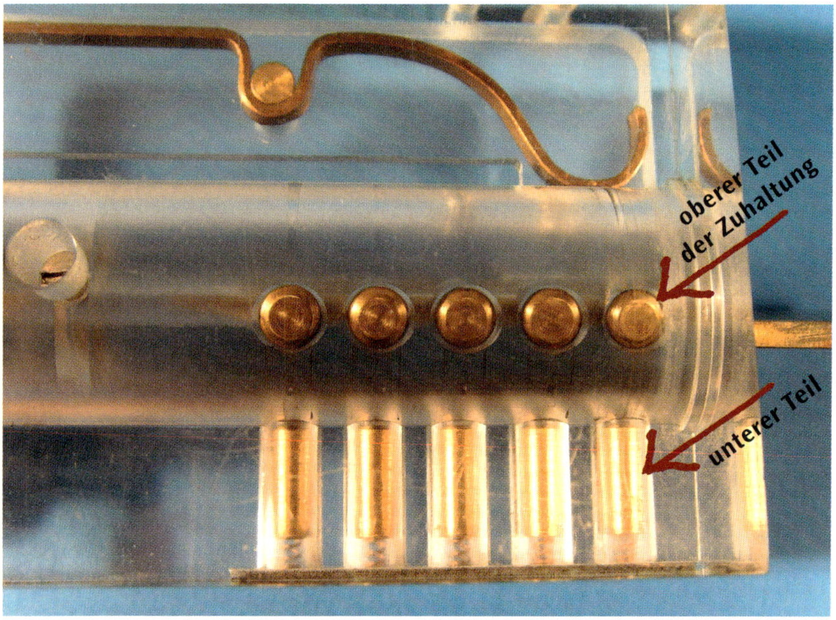

Hier sieht man die oberen Teile der Zuhaltungen, wie sie mit dem richtigen Schlüssel im Schließzylinder mitgedreht werden. Die unteren Teile werden von den Federn außen gegen den sich drehenden Schließzylinder gedrückt.

Also: Nur der Schlüssel mit den richtigen Zacken öffnet das Schloss. Passt nur eine Zacke nicht, bleibt eine Zuhaltung so stehen, dass sich der Zylinder nicht drehen lässt. Und das ist auch ganz gut so, denn wenn jeder Schlüssel auf jedes Schloss passen würde, dann könnte man sich die Schlösser ja gleich ganz sparen.

9 Was macht eine Gangschaltung am Fahrrad?

Links, das ist die **Tretkurbel**, so sagen die Fachleute. Dazu gehören auch die Pedale, auf die man die Füße stellt. Wenn man kräftig in die Pedale tritt, setzt man damit das Fahrrad in Bewegung.
Auf dem Bild rechts, am Hinterrad, sieht man eine Reihe von unterschiedlich großen **Zahnrädern**. Die gehören auch zur Gangschaltung.

Aber was macht die Gangschaltung genau? **Experten würden sagen:** Sie bewirkt eine Veränderung der Übersetzung.

Und das geht so: Wenn man vorne an der Tretkurbel mit den Füßen eine ganze Umdrehung gemacht hat, dann dreht sich das Hinterrad mit. Aber wie oft sich das Hinterrad mitdreht, das hängt ganz von der Größe des Zahnrades ab, das kann mal öfter oder auch weniger oft sein.

Wichtig ist erst mal: Die Kraft der Beine wird auf das Hinterrad übertragen. Das funktioniert, weil sowohl die Tretkurbel als auch der Antrieb am Hinterrad Zähne haben. Und weil Tretkurbel und Hinterrad durch eine Kette verbunden sind.

> Entscheidend dafür, wie oft sich das Hinterrad dreht, ist das Verhältnis der Anzahl von Zähnen vorne an der Tretkurbel und hinten am Hinterrad.

Und jetzt kommt was zum Rechnen. Aber ich mache es ganz leicht. Mal angenommen, die Tretkurbel vorne hat 48 Zähne und am Hinterrad befinden sich 24 Zähne. Wenn die Fahrradkette jetzt die Kraft deiner Beine auf die Zähne am Hinterrad überträgt, dann dreht sich das Hinterrad genau zwei Mal, wenn du vorne mit der Tretkurbel eine Umdrehung machst.

Überträgt die Tretkurbel mit den 48 Zähnen durch die Kette deine Kraft aber auf ein Zahnrad mit 12 Zähnen, dann dreht sich das Hinterrad vier Mal, während du vorne nur ein einziges Mal rundgetreten hast. Das ist dann also das, was die Fachleute **Übersetzung** nennen.

Diese Verhältnisse, die ich als Rechenbeispiel genommen habe, sind am richtigen Fahrrad sehr viel feiner abgestuft. Aber das wäre zum Rechnen und zum Verstehen viel zu kompliziert gewesen, deswegen habe ich es etwas vereinfacht.

Die eigentliche Gang»schaltung« ist dieses silberne Ding unter den Zahnkränzen am Hinterrad. Die hält einerseits die Kette immer stramm, andererseits schiebt sie die Kette auf die größeren oder kleineren Zahnräder.

Merken kann man sich: Je größer das Zahnrad am Hinterrad ist und je mehr Zähne es hat, desto weniger oft dreht es sich. Je kleiner das Zahnrad am Hinterrad und je weniger Zähne es hat, desto öfter dreht es sich.
(Das gilt natürlich nur bei gleicher Anzahl der Zähne an der Tretkurbel.)

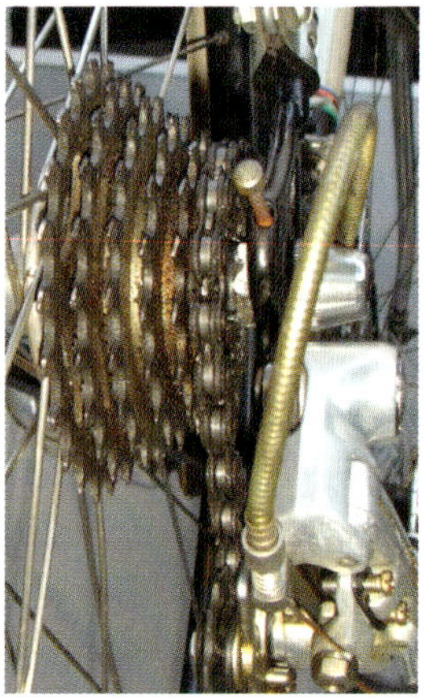

Und das hat Auswirkungen auf dich als Fahrradfahrer: Wenn sich das Hinterrad bei einer Umdrehung der Tretkurbel öfter dreht, bist du schneller. Aber du brauchst bei jedem Tritt auch etwas mehr Kraft. Wenn die Straße flach ist, klappt das ganz gut.

Schwieriger wird es, wenn du einen Berg hinauffährst. Dann schaltet man besser auf das größte Zahnrad am Hinterrad um. Das dreht sich weniger oft, aber du brauchst auch weniger Kraft und kommst den Berg leichter rauf. Dafür musst du aber öfter treten.

Es gibt auch noch eine **Naben-Gangschaltung**.
Da passiert alles innen drin, für uns unsichtbar.

10 Wie funktioniert eine Fahrradbremse?

Was haben eine Scheibenbremse am Auto und eine Fahrradbremse gemeinsam?
Beide funktionieren nach dem gleichen Prinzip: Bei beiden Systemen greifen sogenannte Bremsbacken auf eine Scheibe. Das sollten wir uns mal genauer ansehen.

Bei der Felgenbremse am Fahrrad ist die »Scheibe«, auf die die Bremsbacken greifen, die **Felge**. Auf ihr ist der Reifen aufgezogen. Links kann man sie noch nicht richtig sehen, weil der Reifen draufsitzt. Wenn wir den Reifen runternehmen, sieht man die Felge aber deutlich.

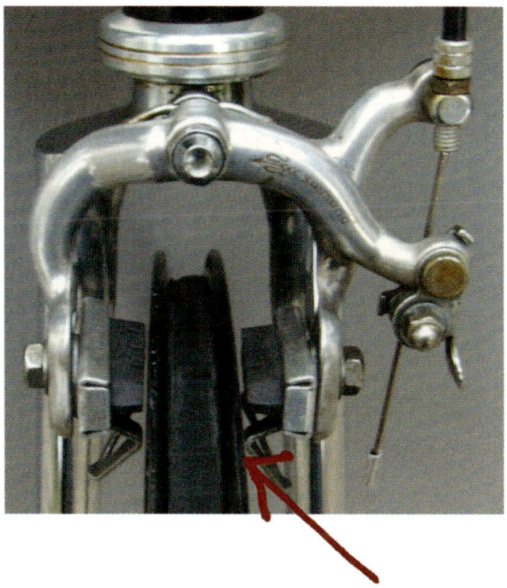

Bei der Scheibenbremse am Auto handelt es sich tatsächlich um eine Scheibe, die unmittelbar auf der Achse sitzt.

In beiden Fällen greifen die Bremsbacken von beiden Seiten wie eine Zange zu und klemmen die Scheibe ein. Sie erzeugen Reibung und damit Wärme und sorgen dafür, dass sich das Rad nicht mehr ungehindert weiterdrehen kann. **Das ist der Bremseffekt.**

Hier sieht man die Bremsscheibe eines Autos auf einem Prüfstand. Sie glüht richtig. So rot glühend könnte sie in Wirklichkeit nur werden, wenn man einen langen und steilen Alpenpass heruntergefahren wäre – die ganze Zeit mit dem Fuß auf der Bremse. Trotzdem müsste und würde sie danach immer noch einwandfrei funktionieren. Bei dieser Aufnahme haben wir wenig zusätzliches Licht benutzt, damit man das Glühen, also die Wärme, die beim Bremsen entsteht, besser sehen kann.

Bei der Felgenbremse sind die Bremsbacken aus Gummi, bei den Scheibenbremsen am Auto aus einem hitzebeständigen Kunststoff.

An vielen Fahrrädern gibt es auch noch eine andere Bremse, die sogenannte → Rücktrittbremse am Hinterrad.

Bei der Rücktrittbremse greifen innen in der Nabe (das ist das dicke silberne Ding, an dem die Speichen befestigt sind) Bremsbacken an die Außenhaut der Nabe. Sehen kann man davon nichts, aber der Klemmeffekt ist ähnlich wie bei der Felgenbremse.

11 Wie schlägt man einen Nagel richtig ein?

Wenn man weiß, wie es geht, ist das gar nicht schwer: Am besten nimmt man den Nagel zwischen Daumen und Zeigefinger der einen Hand und hält die Spitze an die Stelle, an der der Nagel eingeschlagen werden soll. Dann gibt man mit dem Hammer einen leichten Schlag drauf, sodass der Nagel von alleine stehen bleibt.

Jetzt ist noch etwas anderes wichtig:

Nämlich, dass man den Hammer nicht vorne (nahe an dem eisernen Teil) anfasst, sondern hinten am Ende des Stiels. Je weiter hinten man den Hammerstiel anfasst, desto mehr Wucht hat jeder Schlag.

Und je besser man den Nagel mit der Mitte der Schlagfläche des Hammers trifft, desto schneller ist er an der entsprechenden Stelle eingenagelt.
Bei mir: mit 3 Schlägen »versenkt«.

12 Wie zieht man einen eingeschlagenen Nagel richtig raus?

Wenn ein Nagel schon beim Einschlagen krumm geworden ist und noch ein großes Stück herausschaut, ist die Sache recht einfach.

Man nimmt eine **Kneifzange**, setzt die beiden Backen möglichst nah am Untergrund rechts und links an den Nagel an …

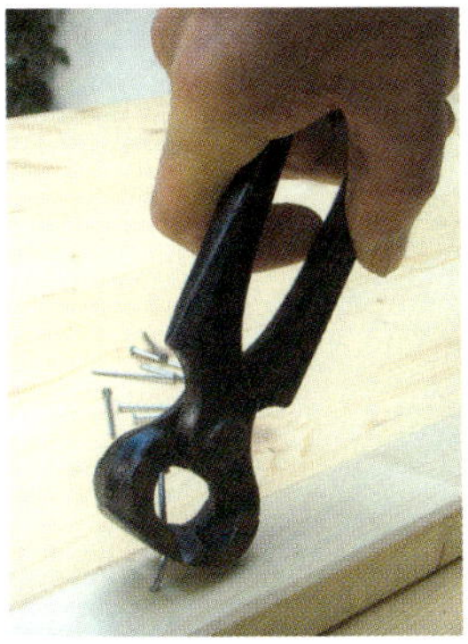

... schließt die Zange und rollt sie über die runde Seite ab. Dann ist der Nagel im Nu raus.

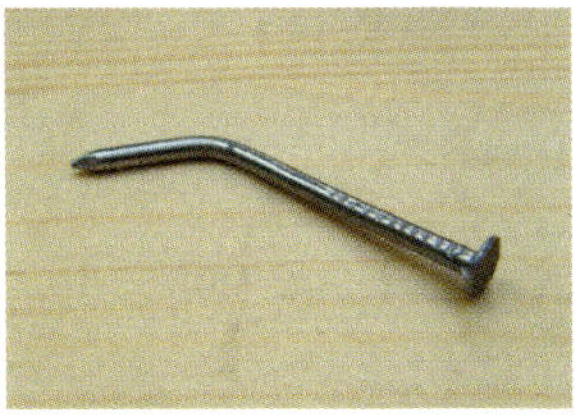

Der ist dann zwar vom Rausziehen noch krummer, aber das macht nichts, denn einen einmal krumm gewordenen Nagel sollte man sowieso nicht noch einmal verwenden. Der wird immer wieder krumm.
Nur ausgebuffte Profis schaffen es, einen krummen Nagel mit dem Hammer wieder gerade zu klopfen, sodass er noch mal verwendet werden kann. Aber dazu gehört schon eine Menge Erfahrung und Übung.

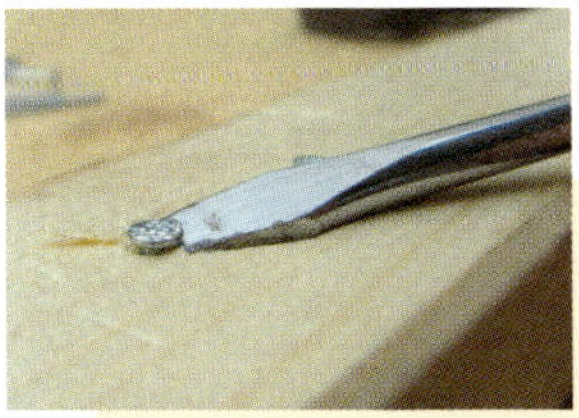

Wenn ein Nagel aber so tief im Untergrund ist, dass man den Kopf fast gar nicht mehr sieht, ist die Sache schon etwas schwieriger.

Dann muss man versuchen, mit einem Schraubenzieher, oder etwas Ähnlichem, den Kopf des Nagels so weit frei zu bekommen, dass man ihn mit der Kneifzange packen kann.

Danach wieder über die runde Seite abrollen.

Sollte der Nagel so lang sein, dass er mit einem Abrollen noch nicht ganz draußen ist, muss man mit der Zange noch mal unten dicht über dem Untergrund nachfassen und das Abrollen wiederholen.

Wenn der Nagel zu lang ist, weil man zum Beispiel zwei dünne Bretter mit einem zu langen Nagel zusammengekloppt hat und der jetzt unten rausschaut, dann ist es das Beste, mit dem Hammer unten auf die Spitze ein oder zwei Schläge zu machen, bis der Nagelkopf an der anderen Seite so weit rauskommt, dass man ihn mit der Zange greifen kann.

Danach das Rausziehen mit der Kneifzange, wie gehabt.

13 Was macht eine Lichtschranke?

Wahrscheinlich habt ihr alle schon mit einer Lichtschranke zu tun gehabt, aber vielleicht, ohne sie zu bemerken. Deswegen hier ein paar Beispiele:

1. Wenn ihr schon mal mit einem Aufzug gefahren seid und die Tür hat sich nach dem Einsteigen nicht geschlossen, dann seid ihr wahrscheinlich mit dem Körper, der Kleidung oder der Einkaufstüte in eine Lichtschranke gekommen. Die hat verhindert, dass die Tür zugeht, damit sich niemand verletzt oder eingeklemmt wird. So funktioniert das übrigens auch bei Straßenbahntüren.

2. Es gibt Häuser, die einen Vorgarten haben, und wenn man den in der Dunkelheit betritt, dann geht – wie von Geisterhand – eine Beleuchtung an, damit man nicht stolpert oder damit Diebe abgeschreckt werden. Das waren aber keine Geister, sondern eine Lichtschranke, die die Beleuchtung eingeschaltet hat. (Für die »Besserwisser«: Das könnte auch ein Bewegungsmelder gewesen sein, aber uns geht es hier um die Lichtschranke.)

3 Vielleicht war der ein oder andere auch schon mal in einem Museum. Wenn man da zu nahe an ein Gemälde herangeht, um es sich ganz genau anzuschauen, dann kann es passieren, dass es irgendwo klingelt. Darauf erscheint dann eine Aufsichtsperson und bittet euch zurückzutreten. Auch dieses Alarmklingeln hat eine Lichtschranke ausgelöst.

Unter einer »Schranke« versteht man normalerweise ein Ding, das einen Weg öffnet oder schließt, zum Beispiel die Schranke an einem Bahnübergang oder die Schranke an der Einfahrt in ein Parkhaus. Eine »Lichtschranke« öffnet oder schließt auch einen Weg, nämlich den für den Strom. !

Und damit verhindert eine Lichtschranke, dass jemand in der Aufzugstür oder in der Straßenbahn eingeklemmt wird. Oder sie macht das Licht im Vorgarten an oder aktiviert die Klingel, damit im Museum niemand ein Bild beschädigen kann.

Und gleich noch was für die Experten unter euch: Es gibt zwei Typen von Lichtschranken, die »Einweglichtschranke« und die »Reflexionslichtschranke«. Bei der Einweglichtschranke wird das Licht von einer Seite gesendet und an der anderen Seite empfangen, bei der Reflexionslichtschranke sind Sender und Empfänger an der gleichen Seite und das Licht wird durch einen Spiegel – oder Ähnliches – zum Sender zurückgeworfen. Ich habe aber, weil es einfacher darzustellen ist, eine Einweglichtschranke gewählt.

Eine Lichtschranke ist also ein Schalter, der mithilfe von Licht elektrische Geräte ein- oder ausschalten kann. Aber: Wie geht das genau?

Diese drei Kästchen bilden zusammen eine Lichtschranke. Die gibt es auch wesentlich kleiner, ich habe aber extra eine besonders große Lichtschranke genommen, damit man gut sieht, wie das Ganze funktioniert.

Weil die Lichtschranke Licht braucht, muss dieses Licht auch irgendwoher kommen. Also schrauben wir die beiden größeren Kästchen mal auf.

Innen sehen die so aus. Das Licht kommt von einer kleinen Lichtquelle, die man im Normalfall gar nicht sieht. Das kann eine Leuchtdiode sein oder auch ein Laserstrahl. In diesem Fall ist es eine **Infrarot-Diode**, also ein Licht, das man mit dem menschlichen Auge nicht wahrnehmen kann. Das rechte Kästchen sendet das Licht aus, ist also der **Sender**, und das linke Kästchen ist der **Empfänger**. Der muss das ausgesendete Licht auffangen. Dieser winzige Lichtstrahl, der von der Lichtquelle ausgeht, muss natürlich so ausgerichtet sein, dass er den Empfänger auch trifft.

Kleiner Ausflug in die Welt des Lichts: Das Tageslicht, das wir sehen, ist für uns normalerweise weiß. Wenn es aber bei einem Regenbogen »gebrochen« oder »aufgespaltet« wird, kann man erkennen, dass sich dieses »weiße Licht« aus verschiedenen Farben zusammensetzt, von Rot bis Violett. Mit dem sichtbaren Licht wird aber auch noch solches mitgeliefert, das wir mit unseren Augen nicht wahrnehmen können. Zum Beispiel neben dem Violett noch das Ultraviolett (das ist das, was den Sonnenbrand macht) und neben dem Rot noch das Infrarot (das ist für die Wärme zuständig). Mit diesem Licht arbeitet auch unsere Lichtschranke.

Übrigens: Damit nun aber nicht das Tageslicht – oder eine andere Lichtquelle – den Empfänger treffen kann, ist davor meist ein kleiner »Tunnel«, der den Empfänger vor »falscher« Lichteinstrahlung abschirmt. Denn sonst würde die Lichtschranke nicht richtig funktionieren.

Jetzt fehlt noch das kleinste unserer drei Kästchen. Das ist ein sogenannter **Schütz**, ein Magnetschalter.

Rechts sieht man die Magnetspule. Solange die Lichtschranke nicht unterbrochen wird, fließt auch kein Strom. Aber wenn man zum Beispiel im Museum zu nah an ein Bild rangeht, dann wird die Magnetspule unter Strom gesetzt. Sie zieht den Metallstift an, der jetzt über der Spule schräg nach oben zeigt. Und der drückt auf der linken Seite einen Kunststoffstempel und in der Folge einen Schalter nach außen. Dadurch wird der Stromkreislauf geschlossen und der Alarm geht los. Was da ganz genau in dem Schütz passiert, ist sehr kompliziert.

Deswegen nur für die absoluten Spezialisten unter euch, die es ganz genau wissen wollen: Links oben im Bild sieht man zwei kupferfarbene Kontakte (etwa in gleicher Höhe mit dem Metallstift über dem Magneten). Zwischen diesen beiden Kontaktpunkten befindet sich an einem dünnen, federnden Metallstreifen der schaltende Hebel. Im Augenblick liegt er rechts an, das bedeutet »aus«, der Stromkreis ist nicht geschlossen.

Ebenfalls in der linken Bildhälfte, ungefähr in der Mitte, sieht man den Kunststoffstempel. Der ist versteckt hinter dem weißen Kunststoffteil mit dem Metallstift über der Magnetspule verbunden. Zieht der Magnet nun den Metallstift an, wird der Stempel nach außen (im Bild nach links) gedrückt.

Dadurch wird der federnde Schalthebel ebenfalls nach außen (links) gedrückt und berührt den kupferfarbenen Kontakt links oben. Das bedeutet dann »an«. Jetzt kann Strom fließen.

Aber damit das Ganze überhaupt funktioniert, brauchen wir erst mal Strom.

Auf der linken Seite, der schwarze Klotz, ist ein Transformator (kurz »Trafo« genannt). Der wandelt die »normale« Netzspannung von 220 Volt in eine Spannung von 12 Volt um. Das ist die Spannung, die zum Beispiel auch bei Modelleisenbahnen verwendet wird. Weil ich diese Spannung mehrfach brauche, habe ich sie mir auf einen kleinen Verteiler gelötet. (Der Verteiler ist die kleine gelbe Leiste mit den Kabeln dran. Ihr könnt sehen, dass vom Trafo nur zwei Kabel ankommen. Mit kleinen Kabelbrücken habe ich die Spannung auf die anderen Kontakte weitergeleitet. Jetzt können vier Kabel von dem Verteiler weggehen.)

Von diesem Verteiler aus versorge ich jetzt den Sender (das rechte Kästchen), den Empfänger (das linke Kästchen) und den Schütz (das kleine Kästchen links) mit jeweils 12 Volt Spannung.

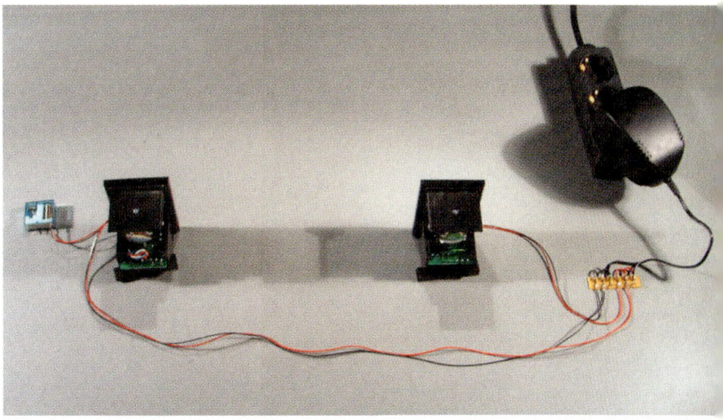

Aber im Moment passiert noch nichts, denn es fehlt ja noch etwas, was wir mit der Lichtschranke schalten wollen.

Ich nehme mal als Beispiel eine Gartenleuchte. Die Gartenleuchte funktioniert aber nicht mit den 12 Volt vom Trafo, die braucht die normale Spannung von 220 Volt.

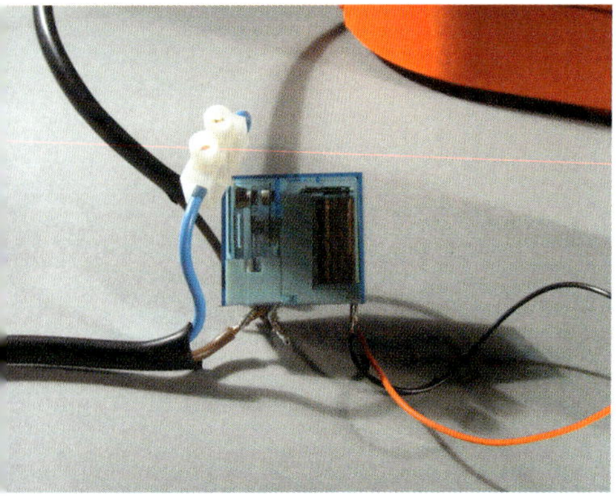

Diese 220 Volt kommen auf dem linken Bild über das schwarze Kabel, das dann in eine blaue und eine braune Ader aufgeteilt ist.

Wenn man etwas schalten will, genügt es, den Stromkreislauf an **einer** Stelle zu unterbrechen. In diesem Fall geht die blaue Ader einfach weiter zur Gartenleuchte. Die braune Ader wird aufgeschnitten und an den Schütz angeschlossen.

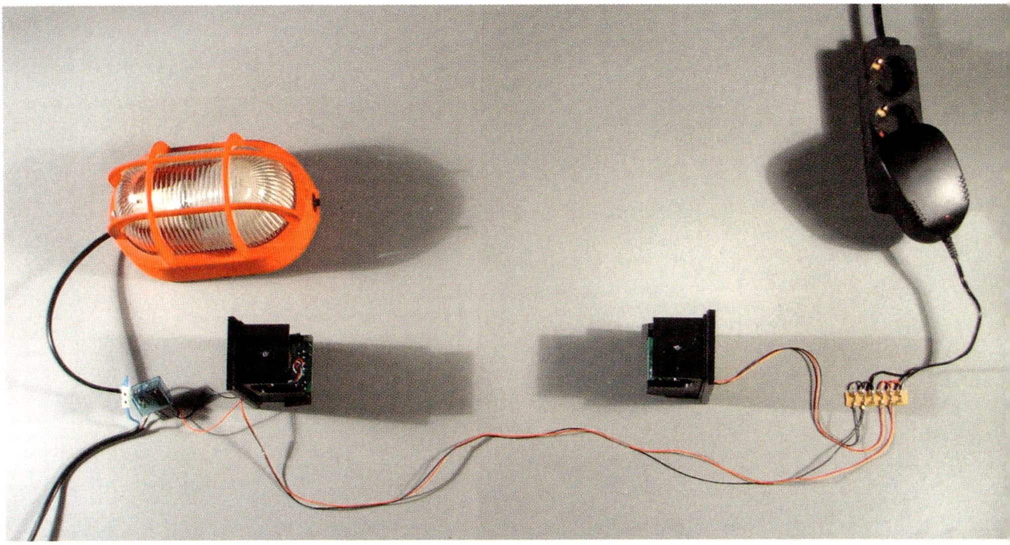

So sieht die gesamte Anordnung der von einer Lichtschranke geschalteten Gartenleuchte jetzt aus.

Wichtig ist, dass sich Sender und Empfänger gegenseitig anschauen, dass sie sich gegenüberstehen.

Nun ist alles bereit, der Strom ist eingeschaltet und das rechte Kästchen sendet sein Infrarotlicht. Wenn wir jetzt etwas zwischen Sender und Empfänger halten, also die Lichtschranke unterbrechen, müsste die Gartenlampe angehen. Mal sehen, ob es klappt.

Tatsächlich: Die Hand unterbricht den Infrarot-Lichtstrahl und der Schütz schaltet die Lampe ein.

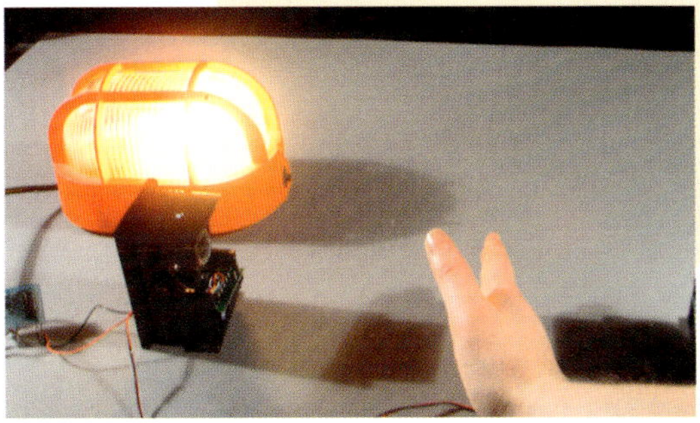

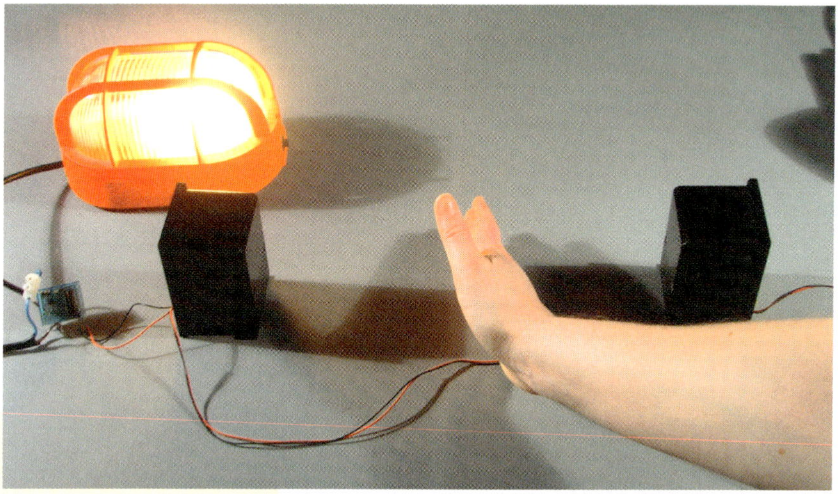

Das klappt natürlich auch, wenn die Kästchen wieder zugeschraubt sind.

Die Drähte für die Stromversorgung würde man übrigens nicht so offen rumliegen lassen, schon damit niemand darüberstolpert. Und die Kästchen würde man auch versteckt anbringen. Muss ja nicht gleich jeder sehen, dass da – zum Beispiel – eine Alarmanlage installiert ist.

14 Was brennt an einer Kerze?

Die Frage scheint ganz leicht: die Flamme natürlich. Aber was genau brennt in der Flamme? Das Wachs? Der Docht? Oder was ganz anderes?

Um es kurz zu machen: So einfach ist die Frage dann doch nicht zu beantworten. Sicher ist nur: Es brennt nicht der Docht und es brennt auch nicht das Wachs.

In einem Versuch haben wir von einer Kerze etwas Wachs abgeschabt und probiert, diese Wachsschnipsel anzuzünden. Ergebnis: Sie wollten nicht brennen, sosehr wir uns auch bemüht haben. Das liegt daran, dass nur gasförmige Stoffe brennen können.

Damit etwas brennen kann, müssen mehrere Voraussetzungen erfüllt sein:

1. Es muss genügend brennbares Material vorhanden sein.

2. Auch Sauerstoff wird benötigt.

3. Das zu verbrennende Material muss über den Zündpunkt erhitzt werden (damit die gasförmigen Bestandteile austreten und entzündet werden können).

Danach setzt eine Art Kettenreaktion ein: Durch immer mehr Hitze werden weitere gasförmige Bestandteile erzeugt und es brennt lichterloh.

Deswegen haben wir einen zweiten Versuch gemacht, uns einen Gaskocher genommen, die Wachsschnipsel in eine Filmbüchse gelegt und sie so lange schmelzen lassen, bis es dampfte. Und dieser Wachsdampf brannte dann sofort.

Wachs kann also nur dann brennen, wenn es geschmolzen ist und verdampft. Was in Wirklichkeit brennt, ist also nicht das Wachs, sondern der Wachsdampf.

Aber wie wird denn nun bei der Kerze aus dem festen Wachs der Wachsdampf?

Wenn man mit einem Streichholz eine Kerze anzündet, reicht die Hitze der Flamme am Streichholz gerade aus, um ein wenig von dem Wachs im Docht zum Schmelzen zu bringen. Dabei verdampft auch ein bisschen von dem Wachs, gerade so viel, dass eine Flamme entsteht. Deswegen dauert es übrigens auch immer einen Augenblick, bis der Docht das Feuer annimmt. Zunächst ist die Kerzenflamme noch ganz klein. Das reicht aber aus, um mehr Wachs aus dem Docht zu schmelzen und zu verdampfen. So wird die Flamme langsam immer größer und schmilzt sich am Docht entlang herunter, bis sie auf den

festen Kerzenkörper trifft. Und da fängt sie dann an, den Kerzenkörper anzuschmelzen. Es entsteht ein kleiner »See«, der immer größer wird, je länger die Kerze brennt.

Aber dabei stellt sich schnell die nächste Frage: Wie kommt das flüssige Wachs denn nun zur Flamme?

Wenn ihr jetzt an den Filzschreiber denkt, seid ihr schon ganz nah dran an der Lösung: Es geht wieder um das Prinzip der **kapillaren Röhren**.

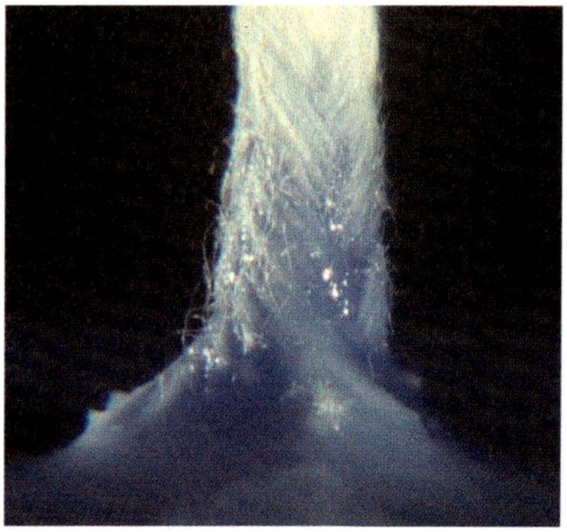

Schaut man sich den Docht genau an, kann man erkennen, dass der aus vielen dünnen Fäden zusammengedreht ist. Der Zwischenraum zwischen den Fäden hat die gleiche Wirkung wie die kapillaren Röhrchen beim Filzschreiber oder beim Füller.

Diese dünnen Zwischenräume ziehen das von der Flamme geschmolzene Wachs von unten nach oben in den Docht. In der heißen Flamme verdampft das flüssige Wachs und brennt schließlich.

Noch etwas ist interessant: Weil jede Flamme zum Brennen Sauerstoff braucht, ist das auch bei der Kerzenflamme nicht anders.

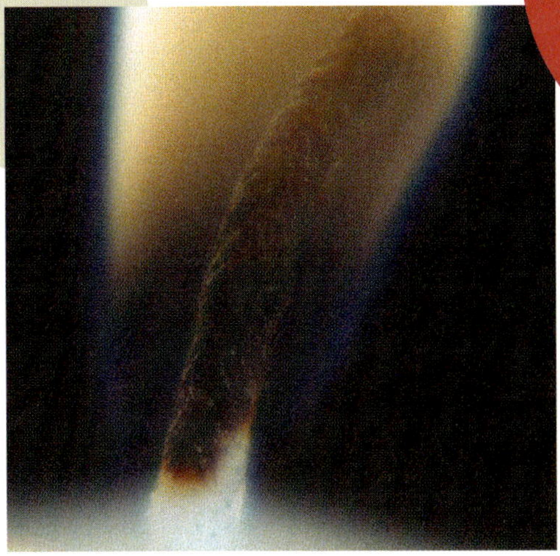

Aber der Sauerstoff kommt nicht überallhin. Am besten brennt die Kerzenflamme unten, nämlich da, wo man sie kaum sieht, wo die Flamme bläulich ist.

Da, wo die Kerzenflamme gelb ist, kommt nicht genug Sauerstoff hin, da ist die Verbrennung schlechter.

Und um euch zu zeigen, wie das kommt, dass nicht überallhin gleich viel Sauerstoff gelangt, haben wir einen weiteren Versuch gemacht. Da Luft unsichtbar ist, mussten wir Rauch zu Hilfe nehmen. Mit dem Rauch kann man gut darstellen, wie sich die Luft in der Umgebung der Kerzenflamme verhält.

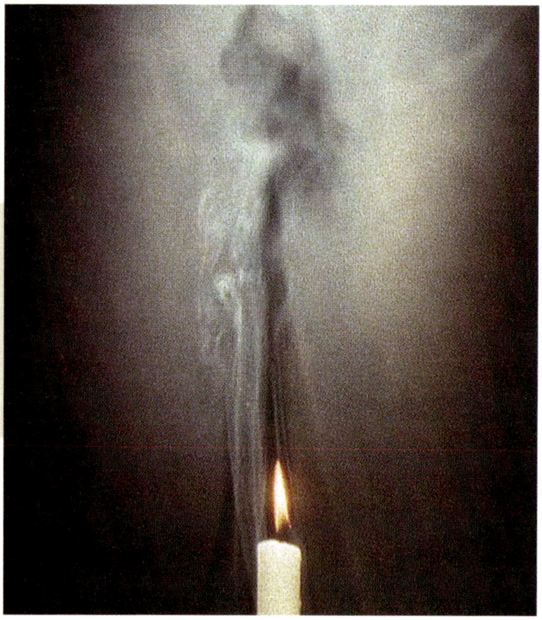

Das haben wir herausgefunden: Die Kerzenflamme erhitzt die Luft, die um sie herum ist. Und da heiße Luft nach oben steigt, schießt auch hier bei der Kerze die heiße Luft wie mit einem Aufzug steil nach oben.

Der schwarze Kanal über der Flamme, das ist der »Aufzug«. Und dabei wird die Luft derart schnell an der Flamme vorbeigerissen, dass nicht genügend Sauerstoff für eine »ordentliche« Verbrennung zur Verfügung steht, es entsteht Ruß.

Kann man ganz leicht nachprüfen: Wenn man eine Nadelspitze unten in den blauen Teil der Flamme hält, da, wo genügend Sauerstoff hinkommt, bleibt die Spitze sauber.

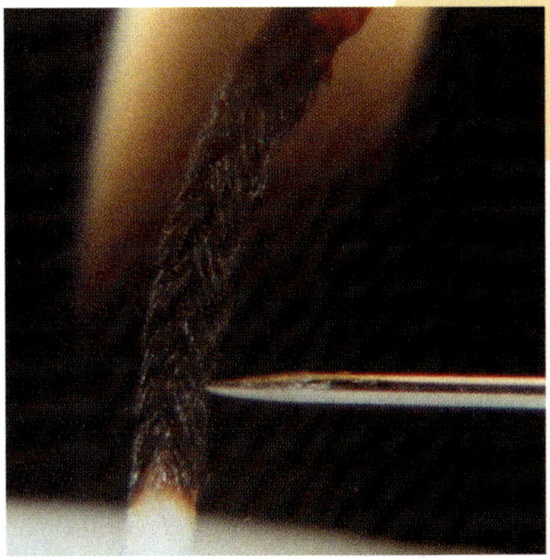

Hält man die Nadelspitze aber oben in die gelbe Flamme, wird sie schnell schwarz.

Das Gelbe ist zwar das, was eine Kerzenflamme so gemütlich aussehen lässt, aber eigentlich ist das glühender Ruß, der entsteht, weil die Flamme nicht genügend Sauerstoff bekommt.

Übrigens:
Der Docht brennt auch, aber er verbrennt nur da, wo er aus der Flamme herausschaut. Ansonsten brennt an einer Kerzenflamme nur Wachsdampf.

15 Wieso zeigen alle Bahnhofsuhren die gleiche Zeit an?

(Wenn sie nicht kaputt sind!)

Was uns heute völlig normal vorkommt, nämlich dass es überall in Deutschland zur gleichen Zeit gleich spät ist, also zum Beispiel vier Minuten nach 4, ist in Wahrheit gar nicht so selbstverständlich.

Bis zum 1. April 1893 gab es in den einzelnen Ländern (z.B. in Bayern, Württemberg oder Preußen) noch unterschiedliche »Länderzeiten«. Und vor den **Länderzeiten** hatte sogar jeder Ort seine eigene Zeit, die sogenannte **Ortszeit**. Die wurde vom jeweiligen Sonnenstand abgeleitet. So ging die Sonne in Görlitz etwa 20 Minuten früher auf als in Aachen und auch 12 Uhr mittags war es in Görlitz 20 Minuten eher als in Aachen. (Nach dem Sonnenstand ist das heute übrigens immer noch so.)

Die Ersten, die die Zeit vereinheitlichen wollten, waren die deutschen Eisenbahnverwaltungen. Jedes Land, z.B. Bayern, Württemberg oder Preußen, hatte eine eigene Staatseisenbahn, und weil die einzelnen Staatseisenbahnen andauernd mit ihren Fahrplänen durcheinanderkamen, erließ Kaiser Wilhelm ein Gesetz, das für ganz Deutschland eine einheitliche Zeit vorschrieb.

!

So kommt es, dass heute alle Bahnhofsuhren die gleiche Uhrzeit anzeigen. Und das funktioniert, weil jede einzelne Uhr einen Impuls von einem Sender bekommt, der **DCF 77** heißt und in der Nähe von Frankfurt steht.

So sieht der Sender aus. Er besteht aus einer Reihe von Sendemasten, die von Seilen gehalten werden.

Von hier aus sendet der Sender jede Sekunde ein Signal aus, das die Zeiger aller Bahnhofsuhren in ganz Deutschland um eine Sekunde nach vorne springen lässt.

Vor jeder vollen Minute verharren die Sekundenzeiger, in diesem Moment wird sichergestellt, dass alle Uhren synchronisiert sind. **Synchronisiert** heißt so viel wie »gleichgeschaltet« und bedeutet bei den Uhren, dass sie in diesem Augenblick alle genau eine Sekunde vor 12 anzeigen.

Die »richtige Zeit« für die zu sendenden Impulse bekommt der Sender wiederum von der Atomuhr in der **Physikalisch-Technischen Bundesanstalt in Braunschweig**.

Übrigens:
Das Signal von DCF77 kann nicht nur von Bahnhofsuhren empfangen werden, sondern von allen Funkuhren. Die gibt es auch als Armbanduhren. Wer so eine besitzt, hat garantiert immer die richtige Zeit, die geht weder vor noch nach. Und eine Funkuhr hat noch einen weiteren Vorteil: Auch die Umstellung auf die Sommer- oder Winterzeit funktioniert durch das entsprechende Signal automatisch.

Und was heißt DCF77 nun eigentlich?
Folgendes: »D« steht für Deutschland,
»C« bedeutet, es ist ein Langwellensender, »F« sagt etwas über die Nähe zu Frankfurt aus, und »77« zeigt an, dass die Trägerfrequenz 77,5 kHz ist.

16 Was ist eine Diode?

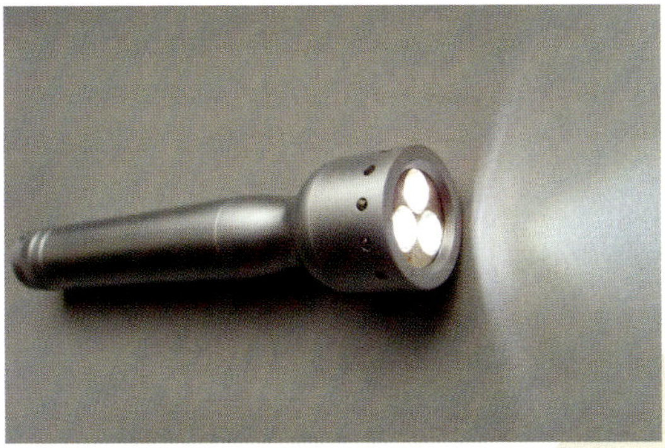

Sicher kennt ihr solche modernen Taschenlampen, die mit Leuchtdioden arbeiten. Aber bevor wir zeigen können, wie die funktionieren, müssen wir erst einmal herausfinden, was eine Diode überhaupt ist.

Der Name kommt aus dem Griechischen und setzt sich aus zwei Wörtern zusammen: aus »di« (das bedeutet »zwei«) und »hodos« (das bedeutet »Weg«).

→ Eine Diode ist also etwas, das zwei Wege hat.

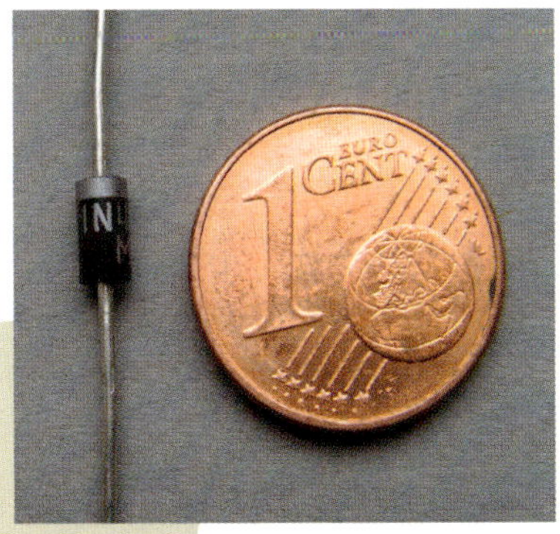

So sieht eine Diode aus. Sie ist winzig klein, wie man an dem danebenliegenden Cent-Stück sehen kann.

Eine Diode ist ein elektrischer Baustein, der Strom nur in einer Richtung durchlässt. Auf dem einen Weg lässt sie den Strom durch, auf dem zweiten Weg – also in entgegengesetzter Richtung – lässt die Diode den Strom nicht durch. Man kann auch sagen, in der Gegenrichtung »isoliert« sie.

Wie muss man sich das vorstellen? Fangen wir mal ganz einfach an:

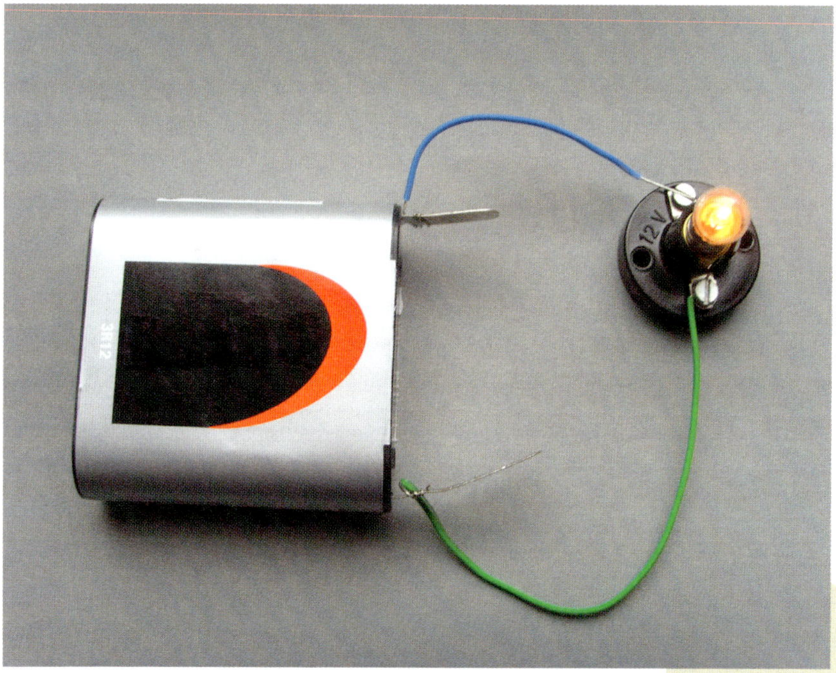

Das links ist eine Taschenlampenbatterie, die ich mit einer kleinen Lampe verbunden habe.
Die Elektronen können wandern, das Lämpchen, der Verbraucher, leuchtet.

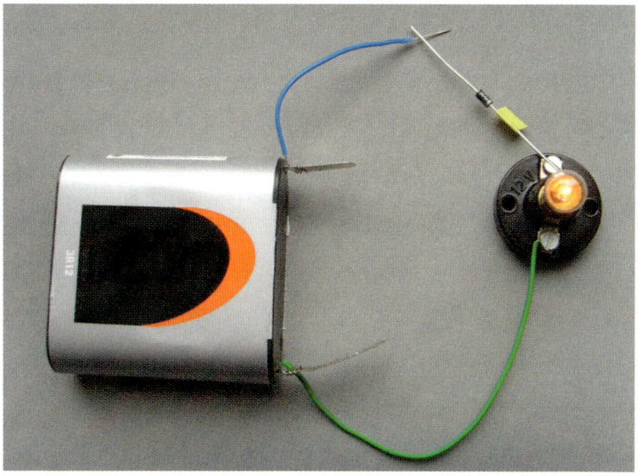

Jetzt kommt die Diode ins Spiel. Damit man die »zwei Wege« der Diode besser erkennen kann, habe ich an das eine Beinchen eine kleine gelbe Fahne geklebt. Wenn ich die Diode so zwischen die Kontakte lege, dass das gelbe Fähnchen zur Lampe zeigt, ist das der Weg, bei dem die Diode den Strom durchlässt. Das Lämpchen leuchtet.

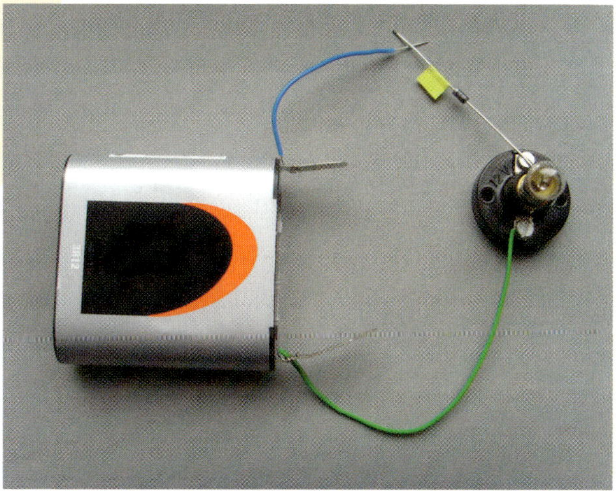

Drehe ich die Diode um, sodass das Fähnchen zur Batterie zeigt, lässt sie keinen Strom durch. Das ist der zweite Weg. Jetzt leuchtet das Lämpchen nicht.

Das ist ähnlich wie bei einem Gartentor, das sich nur nach einer Seite hin öffnen lässt.

Wenn ich von der Straßenseite aus drücke, öffnet sich das Tor ganz leicht. Wenn ich aber von der Gartenseite her drücke, kann ich mich noch so sehr anstrengen, da komme ich nicht durch.

Jetzt wissen wir, wie eine Diode funktioniert. Sie ist ein elektrischer Baustein, der in vielen technischen Schaltungen verwendet wird. Zum Beispiel auch bei der Taschenlampe. Dann spricht man von einer Leuchtdiode.

17 Und was ist eine Leuchtdiode?

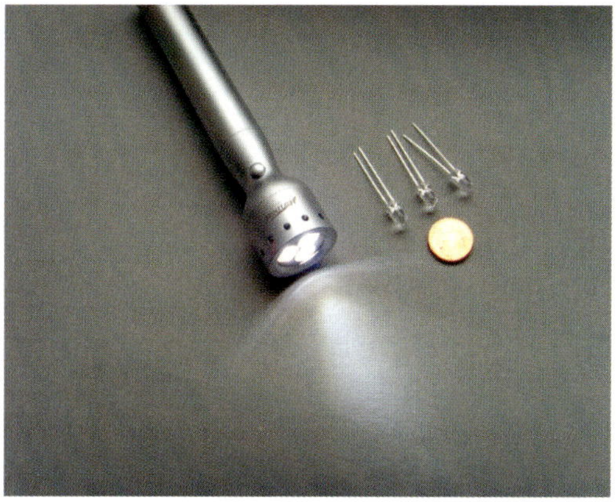

Eine Leuchtdiode ist das, was zum Beispiel diese Taschenlampe leuchten lässt. Weil drei in der Lampe sind, habe ich auch mal drei Leuchtdioden danebengelegt. Auch die sind winzig klein, wie man an dem Cent sehen kann.

Eine Leuchtdiode wird in der Umgangssprache als **LED** (sprich: El – E – De) bezeichnet. LED ist eine Abkürzung, kommt aus dem Englischen und bedeutet **»light emitting diode«**. Und das heißt übersetzt: »Licht aussendende Diode«. Im Prinzip funktioniert eine Leuchtdiode genauso wie eine Diode, sie lässt Strom nur in eine Richtung durch, nur dass dabei vorne Licht rauskommt.

Deswegen nennt man Dioden oder Leuchtdioden übrigens auch **Halbleiter**. Das hat nichts mit einer halben Leiter zu tun, sondern damit, dass sie den Strom nur zur Hälfte weiterleiten, nämlich nur in einer Richtung (das hatten wir ja eben schon).

Und weil das alles so winzig ist, dass man es selbst unter einem Mikroskop nicht sehen kann, ist die einzige Möglichkeit, eine Zeichnung zu Hilfe zu nehmen:

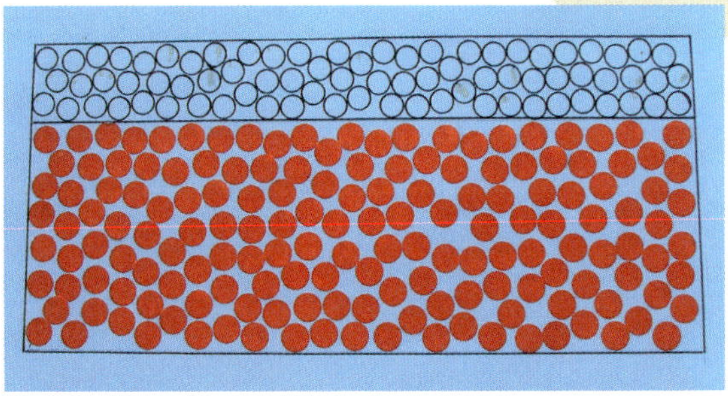

Eine Leuchtdiode besteht aus zwei Schichten: einer dickeren n-Schicht (n steht für negative Teilchen, die werden in der Zeichnung durch rote Punkte dargestellt) und einer hauchdünnen p-Schicht (p steht für positive Teilchen). In dieser p-Schicht sind jede Menge »Löcher« (das sollen oben die schwarzen Kreise sein).

Wenn man jetzt Spannung anlegt, dann passiert an der Grenze zwischen der n-Schicht und der p-Schicht Folgendes: Freie n-Teilchen versuchen, sich mit »Löchern« in der p-Schicht zu »rekombinieren«, das bedeutet: sich wieder zusammenzufinden.

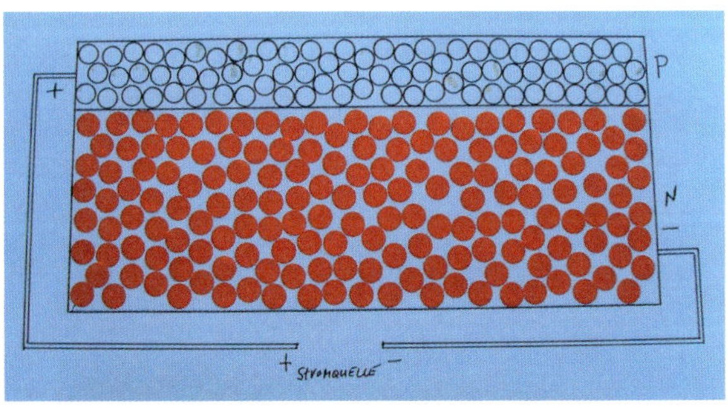

Im Augenblick des Zusammenfindens entsteht ein winziger Lichtblitz, der durch die hauchdünne p-Schicht nach draußen dringt.

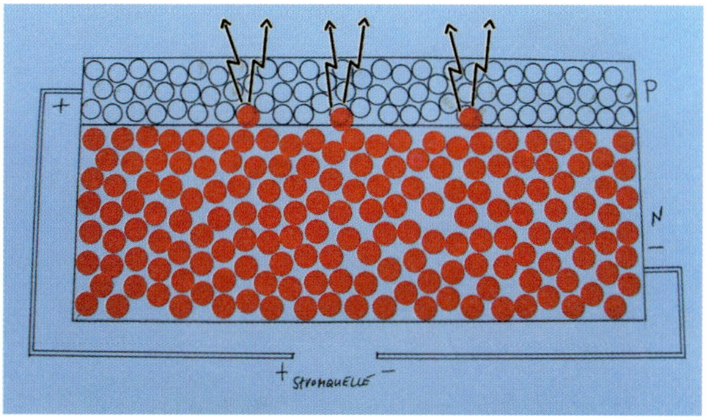

Weil das aber ununterbrochen und in rasender Geschwindigkeit passiert, kann man einen einzelnen Lichtblitz gar nicht erkennen. Die unendlich vielen kleinen Blitze sehen wir als dauernd leuchtendes Licht.

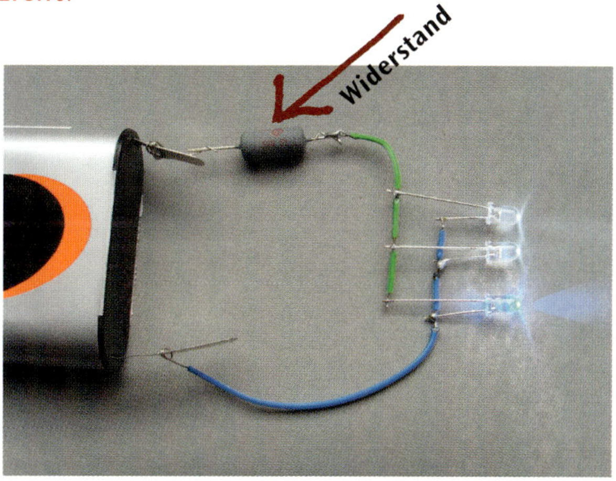

Und so leuchten die LEDs, wenn ich sie mit meiner Taschenlampenbatterie verbinde.

Das graue Ding oben ist übrigens ein **Widerstand**. Den kann man sich wie eine Art Filter vorstellen, der nur so viel Strom durchlässt, wie die LEDs vertragen. Die sind nämlich sehr empfindlich, und wenn sie zu viel Strom bekommen, sind sie im Nu hinüber.

18 Was ist ein Kugellager?

Wenn man eine mit Steinen beladene Platte über den Boden ziehen will, ist das nicht ganz leicht. Das kostet schon etwas Kraft. Je schwerer die Last, desto größer ist die Anstrengung. Was das Ganze so anstrengend macht, ist die sogenannte »Reibung« zwischen dem Brett und dem Untergrund.

Wenn man jetzt aber Rollen unter die Platte legt, dann geht der Transport viel leichter. Ein uralter Trick. Den kannten schon die alten Ägypter, als sie ihre Pyramiden bauten.

Funktioniert heute
aber immer noch so.
Kann jeder selber
ausprobieren.

Will man jetzt die Platte mit den Steinen auf der Stelle drehen, ist das genauso mühsam wie eben das Vorwärtsziehen ohne Rollen.
Das Problem ist auch hier die **Reibung**.

Möglicherweise stand vor langer Zeit ein junger Maler und Tüftler vor der gleichen Schwierigkeit. Er sollte etwas konstruieren, das sich auf der Stelle drehen konnte und dabei schwer war. Vielleicht sollte es ein Kran werden, der schwere Lasten heben konnte, eine Kriegsmaschine oder sonst irgendetwas. Was genau der Anlass war, weiß man heute nicht mehr. Leonardo hieß der junge Mann und er stammte aus dem kleinen italienischen Dorf Vinci. Später wurde er wegen seiner vielen Erfindungen berühmt und heißt bis heute Leonardo da Vinci. (Bedeutet übersetzt: Leonhard aus Vinci.)

Vielleicht hat Leonardo da Vinci überlegt: Wenn sich etwas auf der Stelle drehen soll, müsste man dafür nicht Rollen, sondern Kugeln nehmen. Aber wie sollte man die Kugeln daran hindern, in alle Richtungen davonzurollen?

Könnte sein, dass er sich auch zuerst eine kreisrunde Rille gebaut hat, in der sich die Kugeln zwar bewegen, aber nicht wegrollen konnten.

Dann noch einen Drehpunkt in der Mitte des Kreises, eine Achse hinein, um die sich alles drehen konnte, ein zweites Brett obendrauf, ebenfalls mit einem Loch in der Mitte – und schon fertig. Eigentlich ganz einfach, wenn man erst mal den richtigen Gedanken hat. (Ich habe das obere »Brett« aus einem durchsichtigen Material gefertigt, damit man sehen kann, wie sich die Kugeln bewegen.)

Und jetzt probieren wir das mal aus: Die obere Scheibe dreht sich kinderleicht, weil sie auf den Kugeln rollt. Auch dann, wenn man sie mit einem schweren Gewicht belädt, zum Beispiel mit einem Ziegelstein.

Aber man kann ein kleines Problem erkennen: Wenn die Kugeln nicht dicht an dicht liegen, verteilen sie sich ungleichmäßig. Das hätte zur Folge, dass sich auch das daraufliegende Gewicht ungleichmäßig verteilen und die Kugeln zur Seite wegdrücken würde. Das Ganze wäre dann nicht mehr so stabil. Also hat Leonardo wahrscheinlich noch einmal überlegt, wie man es hinbekommt, dass die Kugeln in einem gleichmäßigen Abstand bleiben, und hat so das erste wirklich funktionierende Kugellager erfunden.

So sieht es aus. Es ist nach seinen Zeichnungen nachgebaut worden.

Das Problem mit der Reibung taucht aber noch an einer anderen Stelle auf, nämlich bei einem Wagen mit seinen Rädern. Schon sehr früh haben Menschen den Wagen als Transportmittel entdeckt.

Die ersten Wagen waren wohl ziemlich einfach. Man hat wahrscheinlich hölzerne Scheiben auf eine hölzerne Achse gesteckt.

Wenn man das so macht, dreht sich das Rad zwar, aber dabei entsteht auch eine Reibung zwischen dem Rad und der Achse. Je größer nun das Gewicht ist, das auf Rad und Achse drückt, desto stärker wird die Reibung. Erstens entsteht dabei Wärme, später sogar Hitze, und zweitens dreht sich das Rad nicht mehr so leicht auf der Achse.

Packt man nun ein Kugellager zwischen Rad und Achse, wird die Reibung auf sich drehende Kugeln übertragen und dadurch stark verringert. Das Rad dreht sich auch bei größerer Belastung viel leichter.

Man kann dieses Wägelchen jetzt schon am kleinen Finger hinter sich her ziehen. Heutzutage sind, nur um ein Beispiel zu nennen, die Räder an Autos ohne Kugellager gar nicht mehr denkbar.

Und wenn ich das erste Kugellager von Leonardo mit einem ganz modernen vergleiche, dann finde ich, dass es viele Ähnlichkeiten gibt. Eine sehr kluge Erfindung.

Übrigens:
Es gibt noch die sogenannten »Wälzlager«. Da sind es nicht Kugeln, sondern kleine Walzen, die die Reibung übertragen. Die sollen schon vor etwa 2700 Jahren »erfunden« worden sein. Ausgrabungen von keltischen Streitwagen deuten darauf hin, aber: Etwas Genaues weiß man nicht.

19 Warum hat eine Zeitung unten Löcher im Papier?

Wenn man sich eine Zeitung einmal genau anschaut, sieht man, dass jede unten am Rand so komische Löchern hat. Woher kommen die?

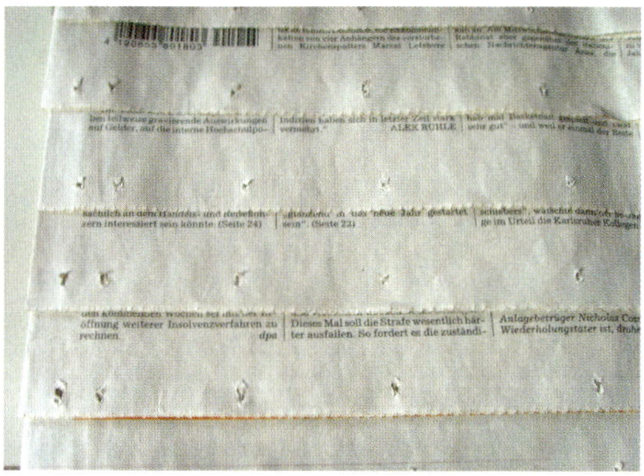

Das hängt mit dem Druck, dem Transport und dem Falten der gedruckten Seiten zusammen.

Zeitungsdruck ist »Rotationsdruck«, das bedeutet, dass endlos lange Papierbahnen in irrsinniger Geschwindigkeit an Rollen vorbeigeführt und dabei bedruckt werden. Ist der Druck beendet, wird diese endlos lange Bahn in die einzelnen Seiten zerschnitten und diese Seiten werden dann zusammengefaltet.

Und damit die einzelnen Seiten bei dieser Geschwindigkeit auch schön in Reih und Glied hintereinanderbleiben, nicht rechts oder links in den Maschinen hängen bleiben oder verknicken, gibt es auf den Rollen winzige Stifte, die die einzelnen Seiten festhalten.

So sieht eine der Rollen in einer Druckmaschine aus, wenn gerade keine Zeitung gedruckt wird. Links neben dem gelben Kunststoffstreifen sieht man die Metallstifte, die das Papier festhalten.

Und so sieht es aus, wenn die Stifte die einzelnen Seiten festhalten. Jetzt werden sie weitergezogen und können nicht verrutschen oder sich verklemmen. Daher stammen die Löcher unten am Rand in der Zeitung.

20 Wie funktioniert ein Airbag?

Das Wort »Airbag« heißt übersetzt »Luftbeutel« oder »Luftsack«. Im Falle eines Unfalls wird dieser Luftsack blitzartig aufgeblasen. Dadurch wird der Aufprall des Körpers abgefedert und es können Verletzungen oder sogar der Tod verhindert werden. Nur woher weiß der Luftsack, dass ein Unfall bevorsteht und er aufgeblasen werden soll?

Der Airbag ist nicht nur ein einzelnes Teil, sondern ein ganzes System, das aus mehreren Einzelteilen besteht. Der Auslöser, der dafür zuständig ist, dass der Airbag aktiviert wird, ist der sogenannte »Sensor«. Sensor bedeutet »Fühler«. Und was dieser Sensor genau fühlt und wie er das macht, das versuchen wir herauszufinden.

Der **Sensor** ist winzig klein und sitzt in der Mitte des Autos. Der Einbauort ist von Auto zu Auto verschieden, aber meist befindet er sich auf dem Wellentunnel. Das ist der halbrunde Tunnel, der von vorne nach hinten zwischen Fahrer und Beifahrer hindurchgeht. Auf diesem Tunnel sitzt auch der Schalthebel oder der Wahlhebel für die Automatik.

So sieht der Sensor aus. Ein unscheinbares schwarzes Kästchen, kaum zwei mal zwei Zentimeter groß, mit rundherum 28 Anschlusskontakten (die silbernen Beinchen).

Damit der Sensor überhaupt etwas »fühlen« kann, braucht er ein noch viel kleineres empfindliches Teilchen, nämlich einen sogenannten elektrischen »Kondensator«. Der Kondensator ist sozusagen das Herzstück von allem. Das Wort Kondensator bedeutet »Verdichter«.

Bevor wir aber den **Kondensator** näher untersuchen, müssen wir erst einen kleinen Ausflug in das Gebiet der »elektrischen Ladung« machen. Sicher haben viele von euch das schon einmal ausprobiert: Wenn man mit einem Wollpullover an einem aufgeblasenen Luftballon reibt, dann lädt sich der Luftballon elektrisch auf. Hält man den nun in die Nähe von langen Haaren, lässt die elektrische Ladung die Haare zu Berge stehen, zieht sie sozusagen an. Merken muss man sich davon nur, dass man elektrische Ladung speichern kann.

Jetzt wenden wir uns wieder dem Kondensator zu.

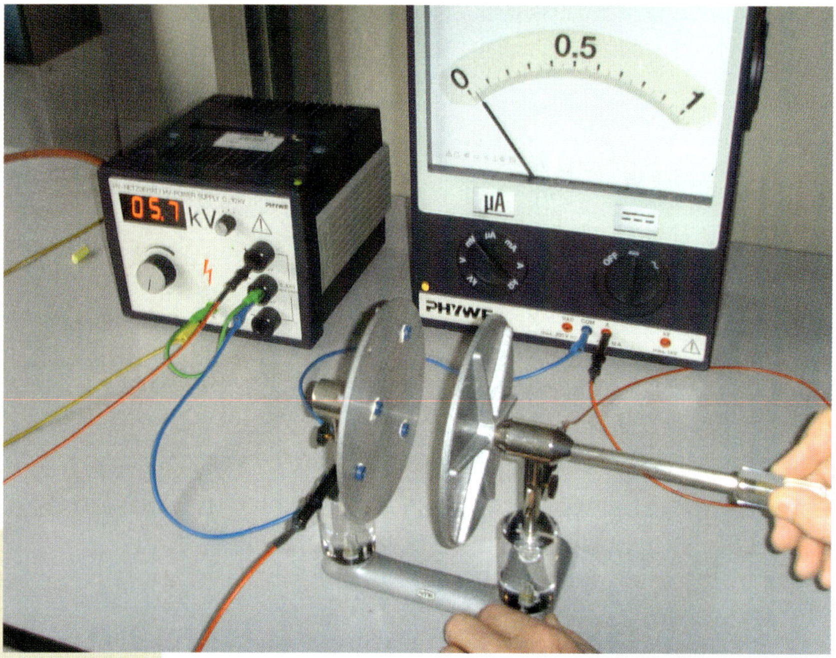

Diese beiden Metallplatten in der Mitte sind so ein Kondensator. Und weil er aus zwei Platten besteht, nennt man ihn »Plattenkondensator«. Jede dieser beiden Platten muss man sich vorstellen wie so einen Luftballon, an dem man mit dem Wollpullover gerieben hat. Auf jeder dieser Platten ist nun auch eine elektrische Ladung. Die haben wir aber nicht draufgerieben, sondern mit elektrischen Kabeln zugeführt.

Die Ladung kann man natürlich nicht sehen, aber dafür die Auswirkungen. Ihr müsst auf den Zeiger des Messinstruments schauen. Bei diesem Bild sind die beiden Platten noch weit auseinander, der Zeiger steht fast bei 0. Das bedeutet, es ist zwar eine elektrische Ladung da, aber nur sehr wenig. Jetzt kommen wir zur **Verdichtung**.

Schiebt man die beiden Platten zusammen, verdichtet sich die elektrische Ladung. Der Zeiger steht jetzt bei 0,2, es fließt ein winziger Strom.

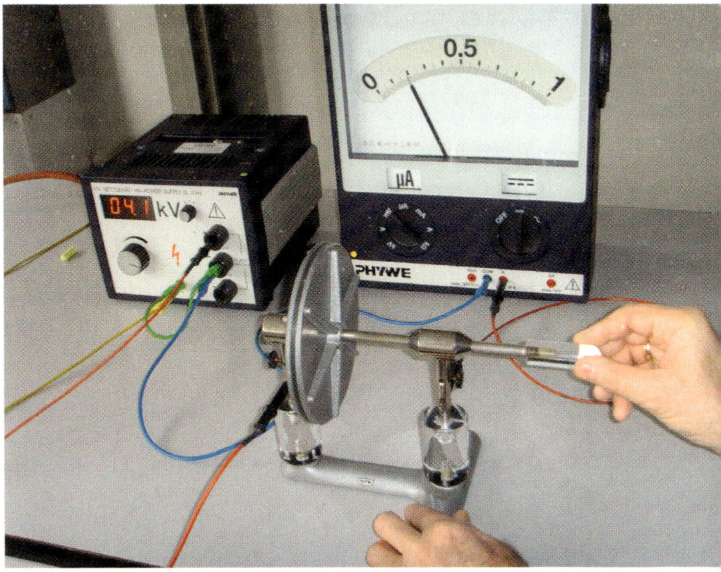

Zieht man die beiden Platten wieder auseinander, nimmt der Kondensator nur sehr wenig Ladung auf. Der Zeiger steht erneut fast bei null.

Ohne diesen Kondensatoreffekt würde der Sensor gar nichts »fühlen« können.

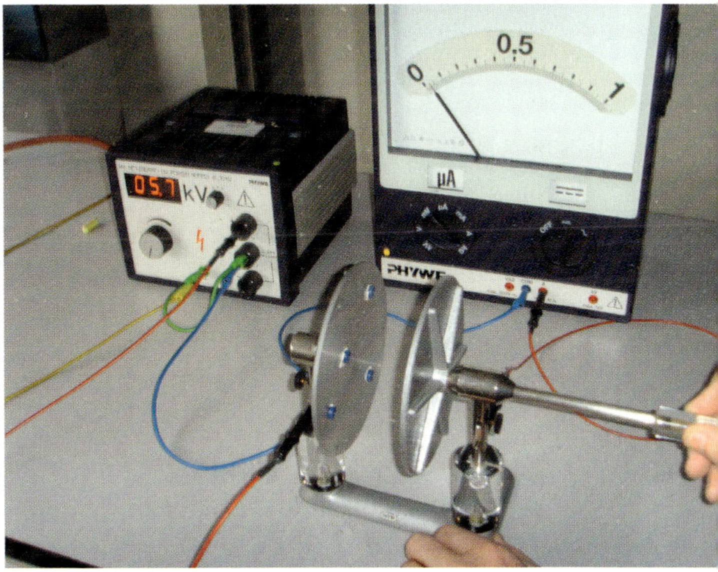

Beim Airbag im Auto ist der Kondensator sehr viel winziger und er sieht auch nicht so aus wie der große Plattenkondensator, aber er macht das Gleiche: Wenn die »Platten« näher aneinanderrücken, verdichten sie auch im kleinen Kondensator die Ladung.

Der **Kondensator** im Sensor sieht so aus. Er ist nur wenige Millimeter groß. Das ist ein Mikroskopfoto. Und er hat nicht nur zwei Platten, wie der große Plattenkondensator, sondern sehr viele. Das Ganze hat ein bisschen Ähnlichkeit mit einem Kamm und jeder der Kamm»zähne« ist vergleichbar mit den beiden runden Platten am Plattenkondensator. Ein solcher »Kammzahn« ist dabei nur wenige Bruchteile von einem Millimeter groß.

Und diese winzigen Zähne können sich auch noch aufeinander zu- oder voneinander wegbewegen. Also sogar den winzigen Abstand zueinander noch verdichten und dabei die elektrische Ladung erhöhen. Die Zähne des Kamms sind nämlich federnd aufgehängt. Aber wie das funktioniert, kann man nur an einem großen Modell zeigen.

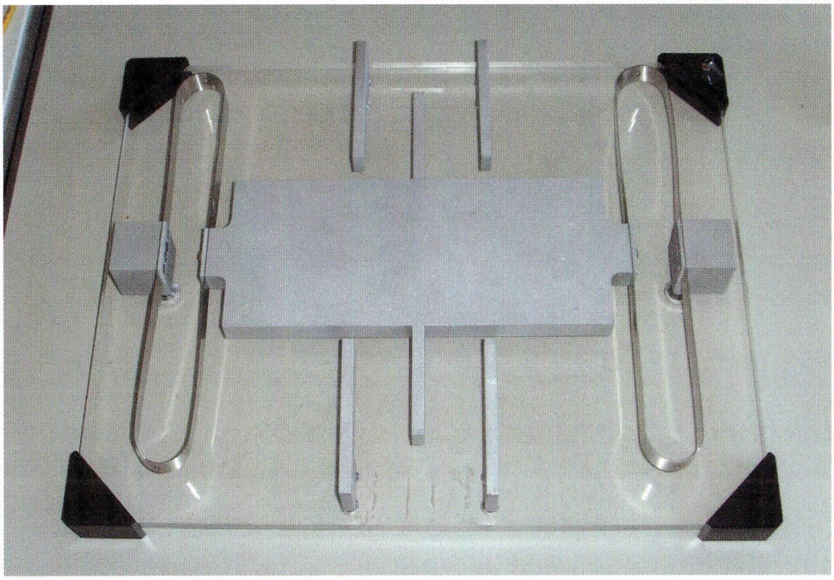

Hier ist es: das viele Tausend Mal vergrößerte Modell des Kondensators. Von den vielen kammartigen Zähnen sind hier nur sechs dargestellt. Die vier äußeren »Zähne« sind fest mit dem Untergrund verbunden und können sich nicht bewegen. Die zwei inneren »Zähne« sind an dem grauen Block in der Mitte befestigt. Rechts und links an dem grauen Block sind ovale Metallteile, das sind Federn. Und weil der graue Block in der Mitte an diesen Federn befestigt ist, kann er sich nach rechts und links bewegen. Damit verdichtet sich der Abstand der inneren Zähne zu den äußeren.

Und mit der Verdichtung des Abstandes verdichtet sich auch die elektrische Ladung. Genau so wie bei dem großen Plattenkondensator.

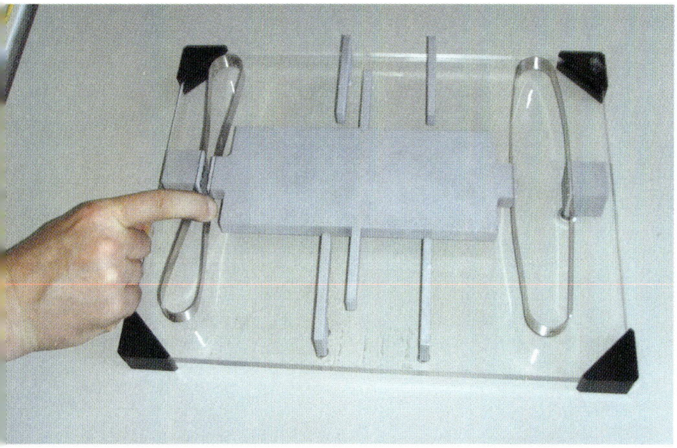

Wird der graue Block in der Mitte nun nach links gedrückt, kommen die »Zähne« der Kondensatorplatten auf der linken Seite dichter zusammen. Jetzt kann der Kondensator mehr Ladung aufnehmen. Und genau das passiert in dem Augenblick, wenn man mit dem Auto irgendwo dagegenfährt. Dadurch, dass der innere Teil der Zähne gefedert ist, wird er durch den Aufprall in Bruchteilen von Sekunden nach vorne gedrückt, die Ladung erhöht sich und es fließt ein winziger Strom.

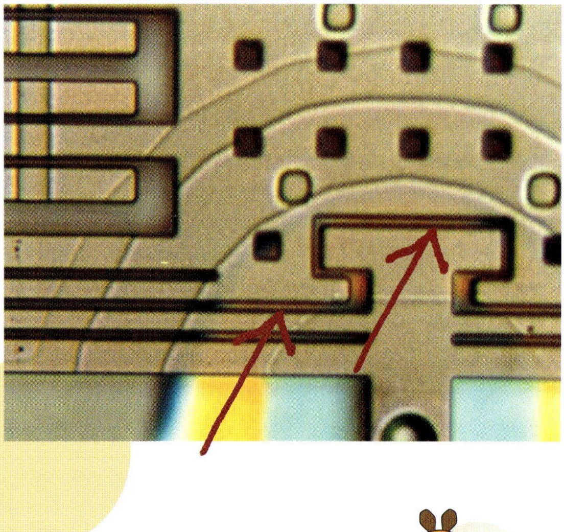

Das ist eine noch stärkere Vergrößerung des Mikroskopbildes vom Kondensator im Sensor. An der Stelle, die so aussieht wie ein viereckiger Pilz, sieht man in den Rillen feine Striche. Das sind die Federn.

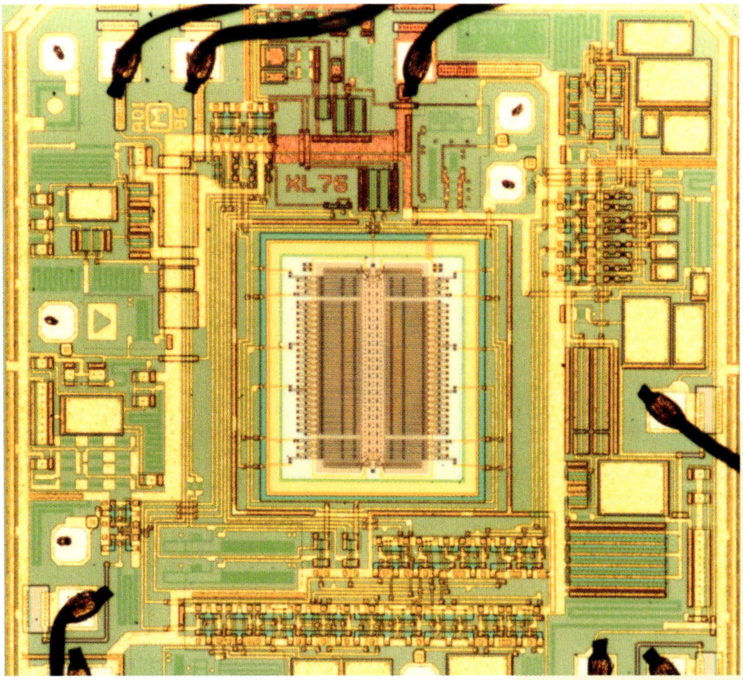

Den winzigen Kondensator kann man jetzt in der Mitte dieses Bildes sehen. Er ist von einem weißen Rahmen umgeben und sitzt auf einer »Platine«.
Die **Platine** ist das ganze grün-gelbliche Ding und der Bauplatz, auf dem eine Menge elektrischer Bausteine zusammengelötet sind, sodass der Strom – wenn er denn kommt – von einem zum nächsten Baustein fließen kann.

Und diese Platine ist wiederum das Innenleben des schwarzen Sensorkästchens, das wir ganz am Anfang gesehen haben. Wenn sich jetzt die Zähne des Kondensators durch einen Aufprall aufeinander zubewegt haben, erhöht sich die elektrische Ladung und es entsteht ein winziger Strom. Und weil dieser winzige Strom einen längeren Weg gar nicht überleben würde, wird er sofort nebenan auf der Platine in einen stärkeren Schaltimpuls umgewandelt.

Damit das alles etwas anschaulicher wird, machen wir einen Versuch mit einem kleinen Auto, das vorne so einen Sensor hat.

Dieser Sensor sieht zwar ein bisschen anders aus als unser kleiner schwarzer, er funktioniert aber genauso.
Wenn das kleine Auto jetzt irgendwo dagegenfährt, liefert der Kondensator im Sensor einen winzigen Strom. Der geht auch bei diesem Versuch zu einer Platine, die aber anders aussieht als die aus dem richtigen Auto, sie macht aber das Gleiche.

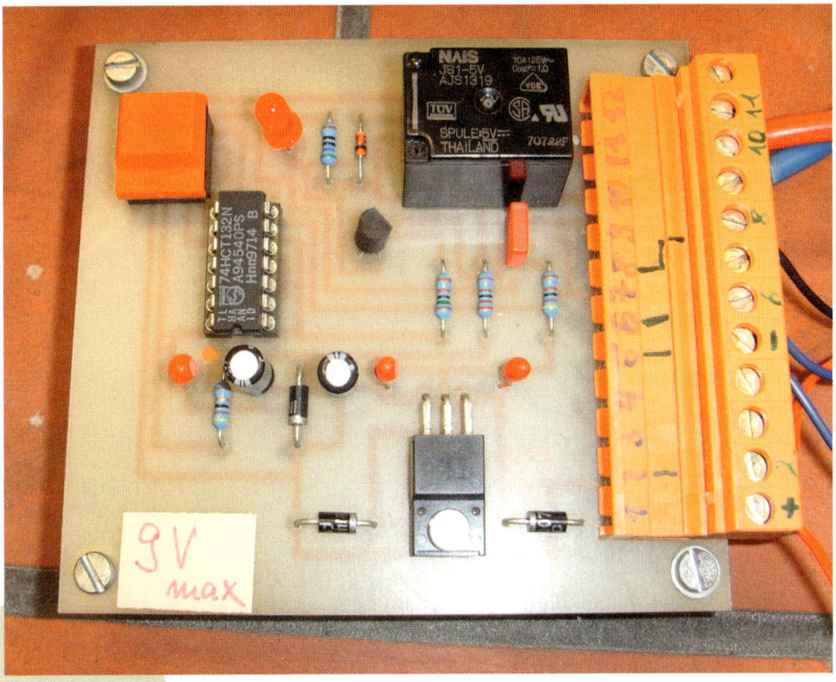

Sie wandelt den winzigen Strom, der vom Kondensator kommt, in ein **Schaltsignal** um.
Bei unserem Versuch schaltet dieses Signal eine elektrische Luftpumpe ein.

Die sieht so aus und pumpt einen Luftballon auf.

Beim wirklichen Auto würde so ein langsames Aufpumpen aber viel zu lange dauern. Deswegen zündet der Schaltimpuls im Moment des Aufpralls eine Gaspatrone, die den Luftsack mit einem Gasgemisch aufbläst. Das geschieht in ein paar Tausendstelsekunden, also blitzschnell.

Wenn dann der Fahrgast durch den Aufprall gegen den Luftsack gedrückt wird, entweicht das Gas durch seitliche Löcher oder das Gewebe, sodass die Gewalt des Aufpralls langsam abgefangen wird. Das gilt aber nur, wenn man angeschnallt ist, denn der Zündmechanismus und der Sicherheitsgurt sind miteinander verbunden.

Übrigens:
Man will ja nicht, dass sich der Airbag aufbläst, wenn jemand nur mit dem Fuß gegen das Auto tritt. Deswegen muss der Impuls, der von dem Kondensator kommt, einen bestimmten Wert überschreiten, der nur dann auftritt, wenn es tatsächlich zu einem Unfall kommt.

21 Warum blubbert Wasser, wenn es kocht?

Wasser kommt in der Natur in dreierlei Form vor. Es kann fest sein, dann nennt man es »Eis«. Es kann flüssig sein – so wie wir es meistens wahrnehmen –, dann nennt man es »Wasser«. Und es kann gasförmig sein, dann nennt man es »Dampf«.

Wann das Wasser welche Form annimmt, hängt von der Temperatur ab.

Ist es kalt, unter null Grad Celsius, dann gefriert das Wasser, es wird zu Eis. Kocht das Wasser, dann verdampft es.

Und das alles hängt mit den Wassermolekülen zusammen. Wie fast alles sonst auf der Erde besteht auch das Wasser aus sogenannten **Molekülen**.
Ein Molekül ist ein aus mehreren Atomen zusammengesetztes Teilchen. So klein, dass man es mit bloßem Auge nicht sehen kann. Wasser besteht aus zwei Wasserstoffatomen und einem Sauerstoffatom.

Wasserstoff wird in der Wissenschaft »Hydrogenium« genannt – abgekürzt mit dem Buchstaben »H«. Sauerstoff ist »Oxygenium« – abgekürzt mit dem Buchstaben »O«. Und weil Wasser aus zwei Wasserstoffatomen und einem Sauerstoffatom besteht, heißt Wasser wissenschaftlich auch »H_2O«.

Ist es kalt, schließen sich die Moleküle dichter zusammen, dann wird das Wasser fest (zu Eis). Ist es heiß, strömen die Moleküle auseinander, bilden nur noch einen lockeren Verband und werden zu Dampf.

Wenn ich jetzt einen Topf mit Wasser auf einen Herd setze, bringe ich das Wasser durch das Erhitzen dazu, sich vom flüssigen in den gasförmigen Zustand zu verwandeln. Versuchen wir es.

Ich setze einen gläsernen Topf mit Wasser auf eine Kochplatte, schalte die ein und beobachte, was passiert. Das Wasser wird jetzt von unten durch die Kochplatte erhitzt. Das bedeutet, dass das Wasser unten im Topf wärmer ist als das Wasser an der Oberfläche. Als Erstes bilden sich da, wo die Kochplatte am wärmsten ist, feine Bläschen.

Denn durch die Wärme verändern sich die Wassermoleküle ganz unten im Topf. Und was sich in den Bläschen sammelt, das ist keine Luft, wie man vielleicht denken könnte, sondern **Dampf**. Erst sind es nur kleine Bläschen, die sich bilden und nach oben blubbern, dann immer dickere.

Je länger das Wasser auf der Kochplatte steht, desto größer werden die Blasen. Wenn man von der Seite in den Topf hineinschaut, sehen diese Dampfblasen fast aus wie ein abstraktes Gemälde.

Und weil Dampf leichter ist als Wasser, steigen die Blasen nach oben an die Oberfläche. Da zerplatzen sie, und das, was man über einem Topf mit kochendem Wasser sieht, ist der Dampf.

Also:
Durch die Hitze werden die Wassermoleküle getrennt. Und was aufsteigt, ist keine Luft, sondern Dampf.

22 Wie kühlt der Kühlschrank?

Wenn etwas verdampft, entzieht es seiner Umgebung Wärme. Das kennt jeder, der im Sommer schon mal schwimmen war.

Man kommt aus dem Wasser und sofort friert man, selbst bei schönstem Sonnenschein. Das ist so, weil die Nässe auf dem Körper verdunstet – man kann auch sagen »verdampft« – und dem Körper dabei Wärme entzieht.

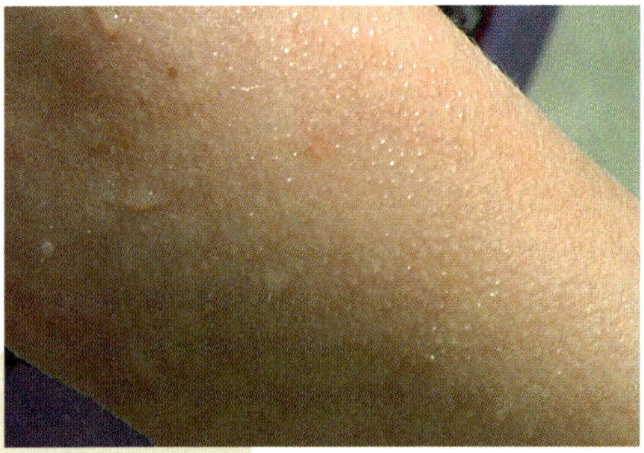

Erstaunlicherweise wird dem Körper die Wärme sogar noch stärker entzogen, wenn die Sonne scheint, weil dann der Verdunstungsprozess schneller geht.

Übrigens:
Das Verdunsten funktioniert wie das Verdampfen beim Wasser in der letzten Frage, nur nicht so schnell. Aber auch hier verändern sich die Wassermoleküle durch die Wärme und gehen in den gasförmigen Zustand über.

Ganz ähnlich funktioniert das auch beim Kühlschrank. Wichtig ist hier aber noch, dass der Innenraum des Kühlschranks nach außen hin gut isoliert ist, damit von außen nicht immer wieder neue Wärme nach innen gelangen kann. Deswegen sollte man auch die Tür nicht länger offen lassen als unbedingt nötig.

Und wo verdampft oder verdunstet jetzt was?

Um das herauszufinden, müssen wir den Kühlschrank erst mal ausräumen. So sieht er leer aus.

Innen, hinten an der Rückwand im Kühlschrank, ist ein unscheinbares weißes, flaches Ding. (Ich habe einen roten Rand darum gemacht, weil man es sonst kaum wahrnimmt.)

Das Teil sieht zwar nach nichts aus, hat es aber in sich. Es ist innen hohl und umschließt eine dünne Rohrschlange. Und darin befindet sich eine Kühlflüssigkeit, die schon bei niedrigen Temperaturen verdampft.

Weil man davon aber nichts sieht und man das Teil auch nicht öffnen kann, habe ich die Rohrschlange außen einfach noch mal davorgebaut. Die blaue Kühlflüssigkeit kommt links oben rein, verdampft auf dem Weg durch die Rohrschlange, entzieht dem Innenraum dabei Wärme und wird rechts oben als Dampf rausgeführt.

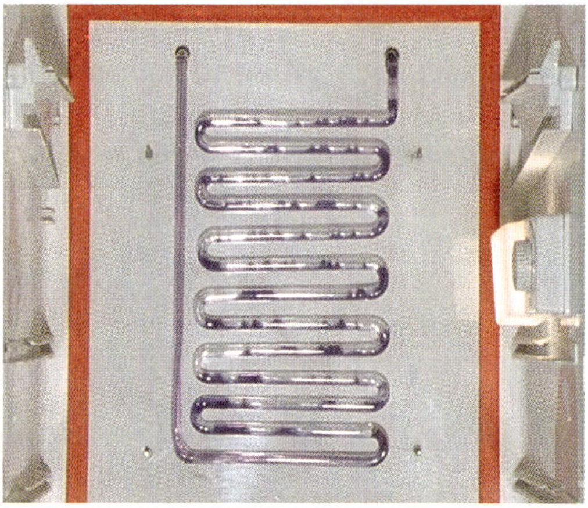

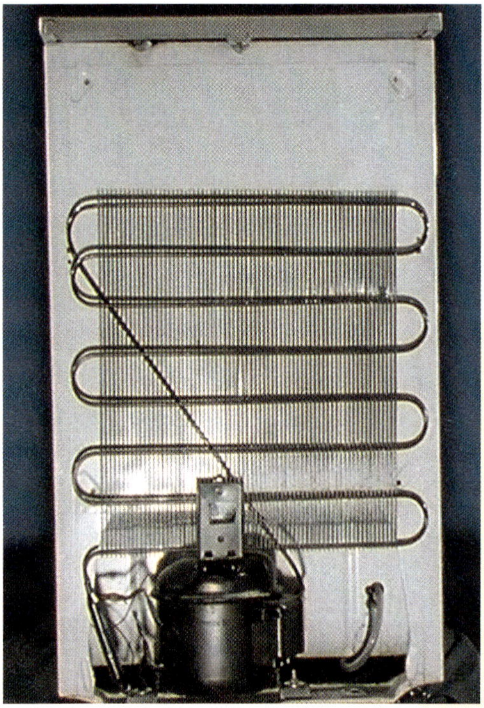

Auf der Rückseite des Kühlschrankes wird der Dampf durch Druck wieder verflüssigt und gibt seine Wärme an die sogenannten **Kühlrippen** ab. Die sollte man nie anfassen, denn die sind ziemlich heiß.

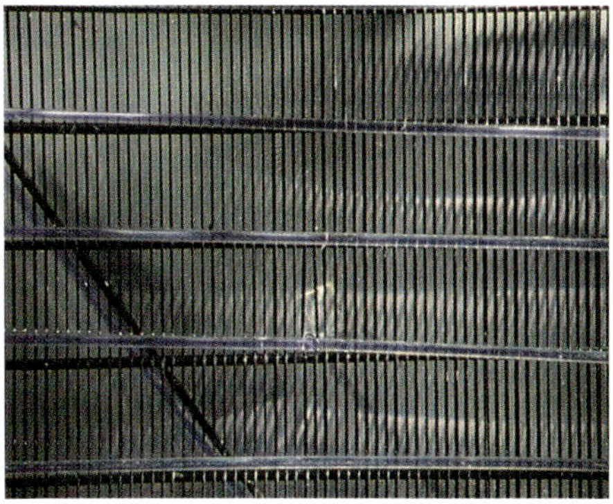

Weil man da nicht reinschauen kann, habe ich auch das Kühlgerippe mit Glasröhrchen nachgebaut.
Ist der Dampf dann wieder zu Kühlflüssigkeit geworden, geht die zurück in den Kühlschrank, verdampft wieder, wird anschließend verflüssigt und so weiter. Ein ewiger Kreislauf.

Und bei jedem Verdampfen hat die Kühlflüssigkeit der Umgebung – also dem Innenleben des Kühlschrankes – Wärme entzogen und sie nach draußen transportiert. Deswegen bleibt es drinnen so kühl.

Ein Kühlschrank ist also nichts anderes als eine »Wärme von drinnen nach draußen transportier«-Maschine.

Das ist der **Kompressor**, den man manchmal ein bisschen summen hört.
Er erzeugt den Druck, der den Dampf wieder zu Flüssigkeit werden lässt. Und er pumpt die Kühlflüssigkeit von drinnen nach draußen und wieder zurück. Wenn man die Temperatur für den Kühlschrank einstellt, sagt man damit dem Kompressor, er soll »schneller« oder »langsamer« pumpen.

23 Wie funktioniert ein Fotokopierer?

Wenn man ein beschriebenes Blatt in den Fotokopierer legt und den Startknopf drückt, sieht man zuerst ein sehr helles Licht. Das tastet das Papier nach hellen und dunklen Stellen ab.

Das eigentliche Geheimnis beim Fotokopierer liegt aber in einer **Walze**, von der man von außen normalerweise nichts sehen kann, und selbst wenn man sie herauszieht, ist sie nur schwarz und glänzend.

Was diese Walze macht, kann man aber an einem Modell verdeutlichen.

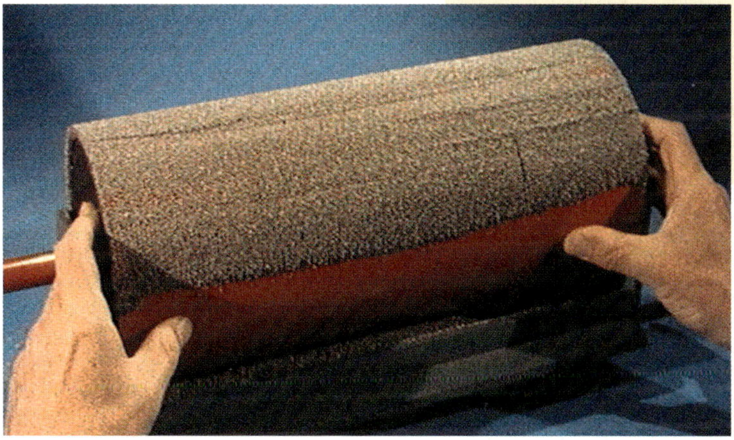

Deswegen habe ich eine magnetische Walze besorgt und diese rundum mit einer dünnen Schicht aus winzigen Eisenkügelchen belegt. Denn die richtige Walze im Fotokopierer ist elektrisch geladen und unsere Kügelchen sollen in unserem Versuch diese **elektrische Ladung** darstellen.

Anstelle eines Blattes Papier mit vielen Buchstaben, das wir fotokopieren wollen, haben wir – damit man das Ganze leichter verstehen kann – eine Glasscheibe mit nur einem Buchstaben genommen.

Wenn nun das Papier – oder in unserem Fall die Glasscheibe – von dem hellen Licht abgetastet wird, fällt immer da, wo ein Buchstabe ist, ein Schatten auf die Walze. Wo das Papier weiß – oder unsere Glasscheibe durchsichtig – ist, trifft das Licht die Walze.

Und das ist jetzt wichtig: Dort, wo der Schatten des Buchstabens die Walze trifft, behält sie ihre elektrische Ladung.

Bei unserem Versuch bleiben an dieser Stelle die Eisenkügelchen haften. Und überall da, wo das Licht die Walze direkt getroffen hat, hat sie ihre Ladung verloren.

Um die Stelle wiederzufinden, an der die elektrische Ladung noch besteht, habe ich den Umriss des Buchstabens mit einem Filzschreiber nachgezeichnet.

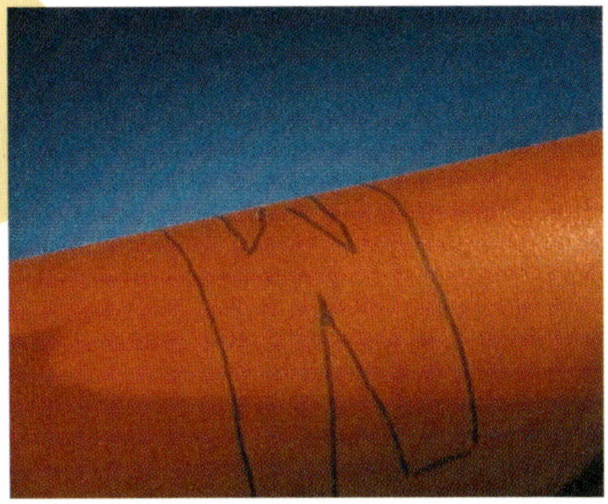

Nach dem Abtasten dreht sich die Walze weiter über einen Behälter mit winzig kleinen Farbbeutelchen, so klein wie Mehlpulver. Beim richtigen Fotokopierer nennt man die Farbbeutelchen **Toner**. Nur mit der Stelle, an der sie noch elektrisch geladen ist, zieht die Walze diese Farbbeutelchen an.

Schließlich dreht sich die Walze – mit diesen winzigen Farbbeutelchen beladen – über ein frisches weißes Blatt. Dieses Blatt ist auch elektrisch geladen.
Der Unterschied ist nur, dass die Ladung auf dem weißen Papier stärker ist als die Ladung auf der Walze. Und weil das so ist, zieht das frische Papier nun die Farbbeutelchen, also den Toner, von der Walze ab und hält sie auf dem Papier fest.

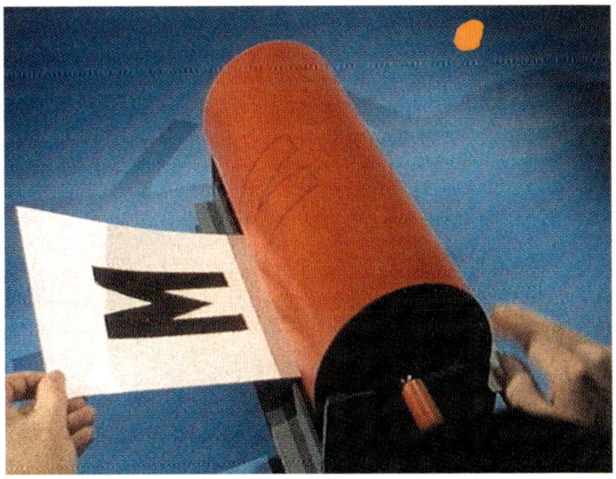

Damit die Farbbeutelchen nicht wieder abfallen, werden sie mit Hitze in das Papier »eingebügelt«. Dabei platzen die Farbbeutelchen auf und verbinden sich dauerhaft mit dem Papier. **Das ist dann die Fotokopie.**

So sieht das beim richtigen Kopierer aus: links die Walze mit den Farbbeutelchen, dem Toner, in der Mitte der abgelegte Toner auf dem Papier und rechts die fertige Kopie.

Und weil das Ganze was mit Hitze und »Bügeln« zu tun hat, ist jede Fotokopie, die man rausnimmt, auch erst mal warm.

24 Wie macht eine Türklinke die Tür auf?

Ehrlich gesagt hatte ich mir dazu noch gar keine Gedanken gemacht, bevor ich eure Frage bekommen habe. Also: höchste Zeit, sich so eine Türklinke und den Schließmechanismus mal genauer anzusehen.

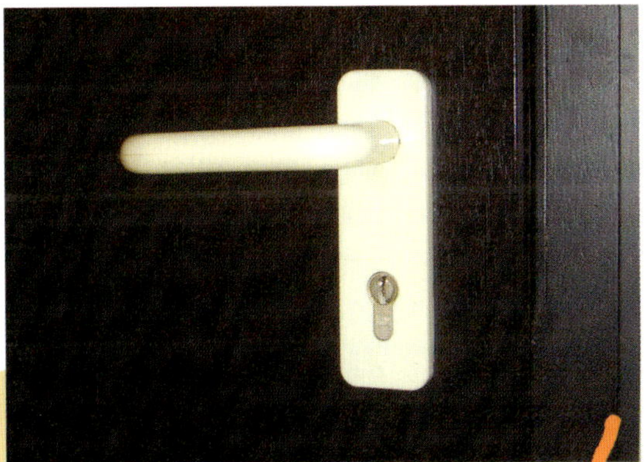

Wichtig ist dabei das Metallteil in der Mitte zwischen den Türklinken. Das nehmen wir mal raus.

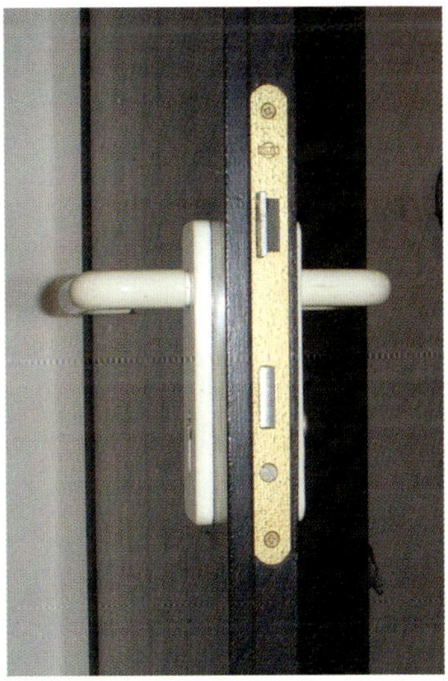

So sieht das ausgebaute Teil aus: von vorne, von links und von rechts. Das graue Ding aus Kunststoff oben, das die Tür auf- und zugehen lässt, nennt man übrigens die **Falle**.

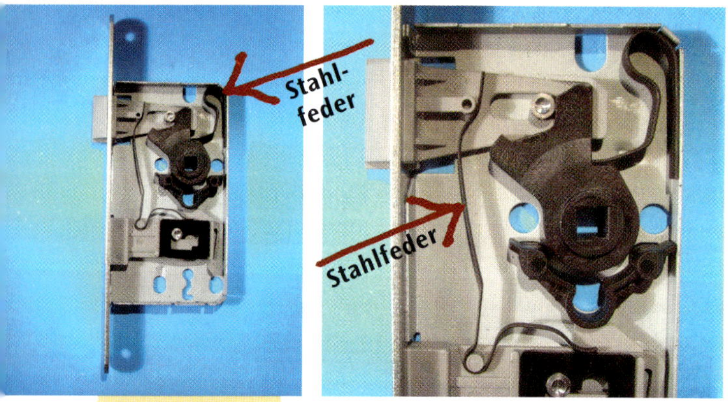

Und so sieht es ohne die Abdeckung aus. Der untere Teil ist das Schloss, das braucht man, wenn man die Türe abschließen will. Uns interessiert jetzt aber nur der obere Teil, weil es um die Türklinke geht. Auch hier sieht man wieder die Falle. Wichtiger ist aber das schwarze Kunststoffteil mit dem viereckigen Loch drin, denn nur damit kann die Falle bewegt werden. Außerdem sind da noch zwei Stahlfedern zu sehen, die dafür sorgen, dass die Falle immer nach außen gedrückt wird.

Warum das schwarze Kunststoffteil mit dem viereckigen Loch so wichtig ist, zeigen diese Bilder: Die Türklinke hat nämlich einen Vierkant aus Stahl, der genau in das viereckige Loch in dem Kunststoffteil passt.

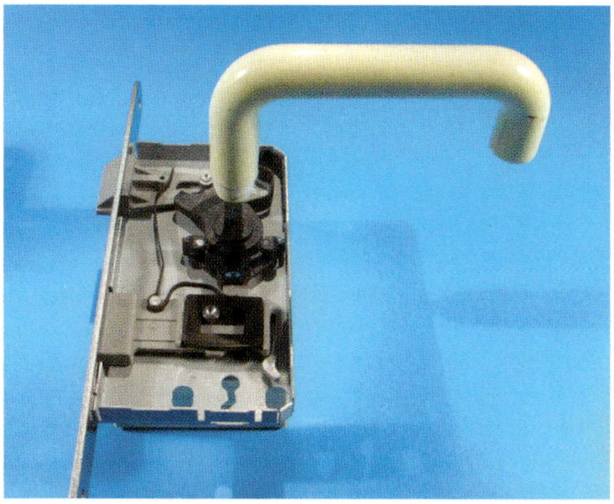

Drückt man jetzt auf die Klinke, dreht der Vierkant das schwarze Kunststoffteil nach hinten, und das nimmt dabei die Falle mit. Jetzt kann man die Tür öffnen. Und weil man dabei gegen die Kraft der Federn arbeiten muss, die die Falle ja immer nach vorne drücken wollen, braucht es auch ein klein wenig Kraft, die Türklinke herunterzudrücken.

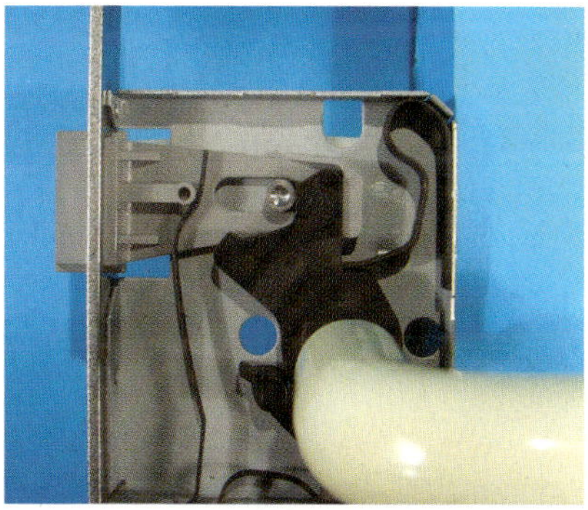

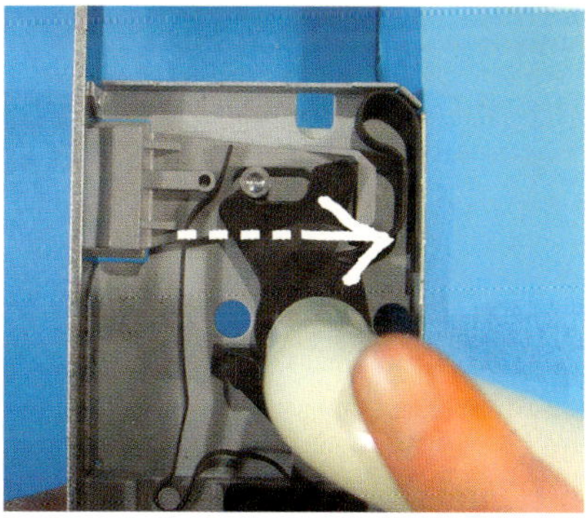

So einfach funktioniert die Türklinke.

25 Wie funktioniert ein Ventil?

Jeder von euch hat wahrscheinlich schon mal ein Ventil gesehen: nämlich das Ventil am Reifen des Fahrrades. Damit kann man den Reifen aufpumpen, wenn er zu wenig Luft hat. Eine Luftpumpe braucht man dazu auch, klar, aber was macht das Ventil genau?

Das Ventil lässt die Luft nur in den Reifen hinein, aber nicht wieder heraus. Ein Ventil ist – ähnlich wie eine Diode – ein Türchen, das sich nur in einer Richtung öffnen lässt.

Weil man aber Luft nicht sehen kann und das Fahrradventil auch viel zu klein ist, bauen wir uns ein großes Ventil aus Glas und zeigen anhand einer blauen Flüssigkeit, wie das Ventil funktioniert.

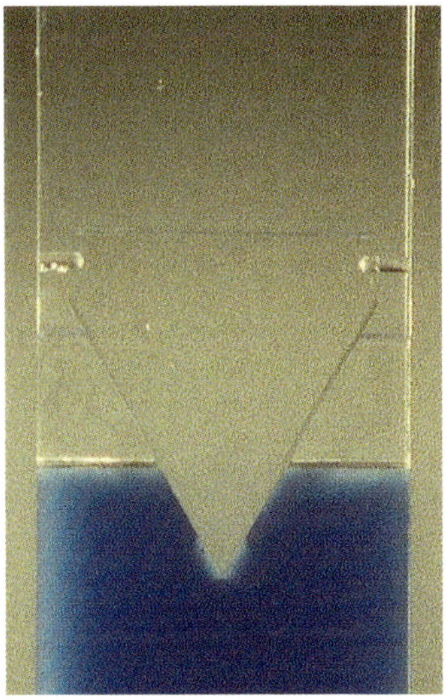

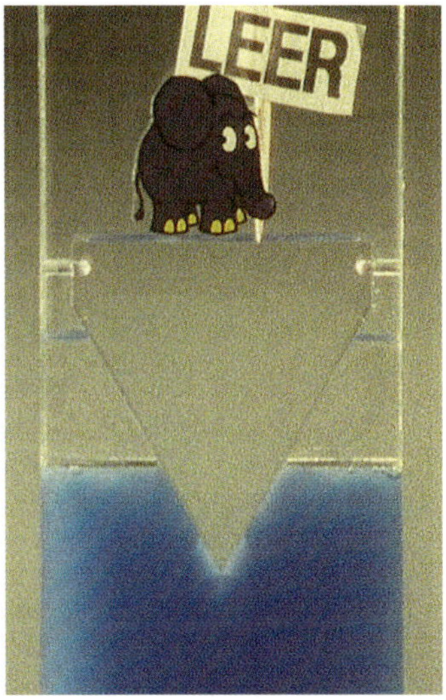

Das ist unser großes gläsernes **Ventil**. Unten ist das blaue Wasser und oben ist es im Moment leer. Damit das Ventil aber richtig arbeitet, füllen wir oben über das Dreieck für unseren Versuch klares Wasser ein.

Das gläserne Dreieck stellt das Türchen in dem Ventil dar. Es schließt sich jedes Mal wieder, nachdem es etwas durchgelassen hat. Schließen kann sich ein Ventil entweder durch Federkraft, durch ein Gewicht oder durch Druck. Unseres arbeitet mit dem Gewicht des klaren Wassers obendrüber.

Und jetzt kann es losgehen.

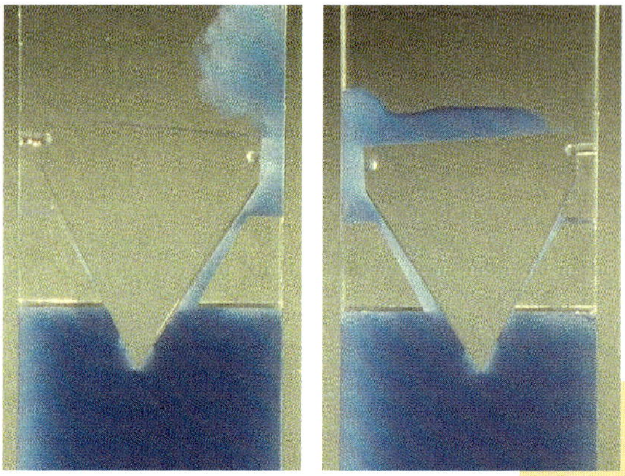

Wenn ich jetzt das Wasser von unten nach oben drücke, lässt das Dreieck durch den Druck ein wenig Wasser durch, schließt danach aber sofort wieder das Ventil und lässt das Wasser nicht mehr nach unten zurück. Einmal links vorbei, einmal rechts. An welcher Seite ist eigentlich egal.

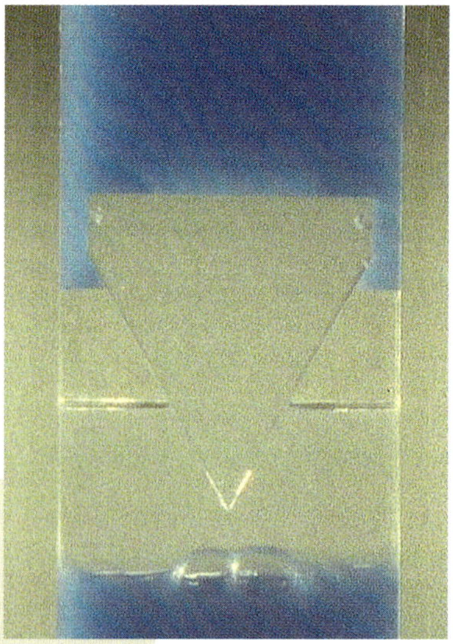

Wenn man das mehrmals gemacht hat, ist das blaue Wasser oben und kann nicht mehr zurückfließen. Dafür sorgt das Gewicht des Wassers über dem Ventil.

Jetzt habe ich mal blaues Wasser in einen durchsichtigen Fahrradschlauch gepumpt, um zu sehen, ob das da auch klappt.

Beim Fahrradreifen ist es so, dass, jedes Mal wenn die Luftpumpe einen Stoß Wasser in den Reifen pumpt, der Druck der Pumpe stärker ist als der Innendruck im Reifen.

Hört die Luftpumpe auf zu pumpen, ist der Druck im Reifen so groß, dass er die Ventilklappe zudrückt. Das Wasser kann nicht mehr zurück nach draußen und bleibt im Reifen. Ich konnte sogar damit fahren. Und mit der Luft funktioniert es ganz genauso.

26 Wozu braucht man eine Pumpe?

Flüssigkeiten fließen normalerweise nur von oben nach unten. Eine Pumpe ist dazu da, Flüssigkeiten von unten nach oben zu transportieren. Beispielsweise Wasser aus einem Brunnen oder Benzin in einer Tankstelle. Um euch das zeigen zu können, habe ich uns eine gläserne Pumpe bauen lassen.

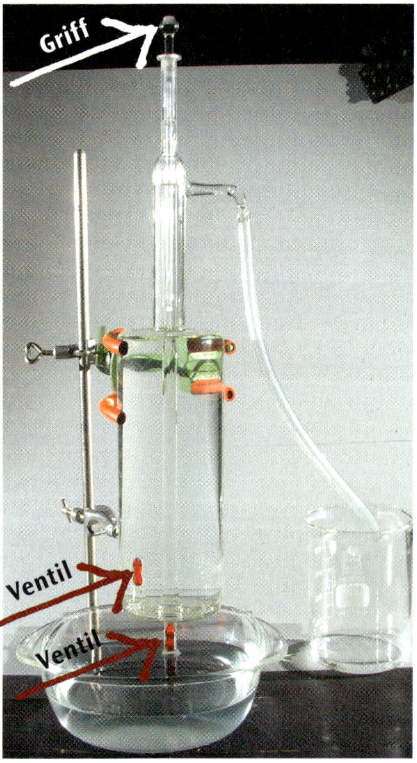

So sieht die ganze Versuchsanordnung aus: Unten steht ein gläserner Topf mit Wasser. In den reicht die Pumpe mit einem Glasrohr hinein, da, wo ihr das untere rote Knübbelchen sehen könnt. Das ist ein **Ventil**, und wie so ein Ventil funktioniert, wisst ihr ja schon. Die eigentliche Pumpe ist die lange Röhre aus Glas. Ganz oben ist ein gläserner Griff. Wenn man diesen Griff auf und ab bewegt, arbeitet die Pumpe. Rechts am Rand steht noch ein Töpfchen, in das wir gleich etwas hineinpumpen möchten.

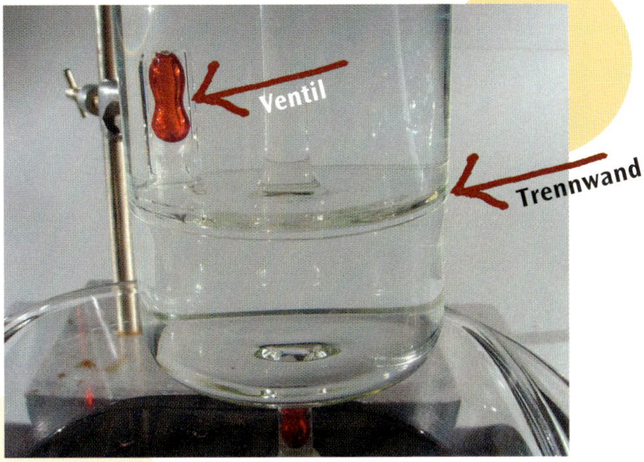

Das Entscheidende an dieser Pumpe ist, dass sie zwei Kammern hat. Auf diesem Bild sieht man – etwa in der Mitte – eine gläserne Trennwand. Sie trennt die Pumpe in eine untere und eine obere Kammer. Wichtig sind jetzt außerdem noch die beiden roten Ventile. Ein Ventil befindet sich unten im Glasrohr, da, wo es in den Wassertopf ragt, das zweite Ventil sitzt auf der Trennwand zwischen der oberen und der unteren Kammer.

Wenn ich jetzt oben an dem gläsernen Griff ziehe, hole ich die Trennwand nach oben. Damit verändert sich die Größe der beiden Kammern in der Pumpe. Der Raum unter der Trennwand wird größer, der Raum über der Trennwand kleiner. Und dadurch, dass die untere Kammer größer wird, saugt sie aus dem Wassertopf das Wasser an. Jetzt kommt das untere Ventil ins Spiel.

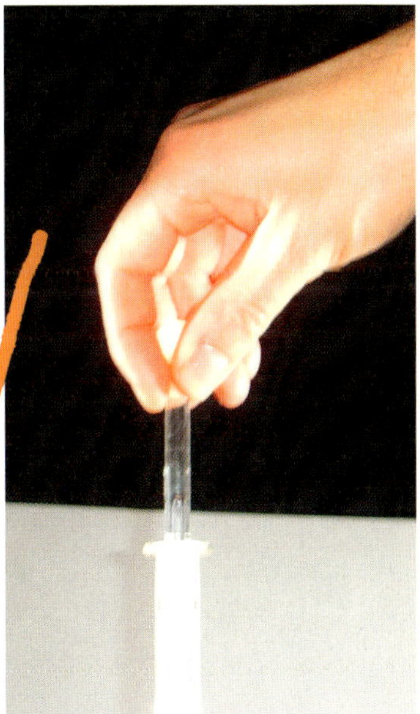

Auf dem linken Bild ist das untere Ventil geschlossen, die Trennwand ist noch ganz unten am Boden. Rechts ist das Ventil geöffnet, die Trennwand ist weiter oben. Geöffnet wird das Ventil, wenn ich oben an dem Griff ziehe. Und durch das geöffnete Ventil wird nun das Wasser aus dem Topf darunter angesaugt.

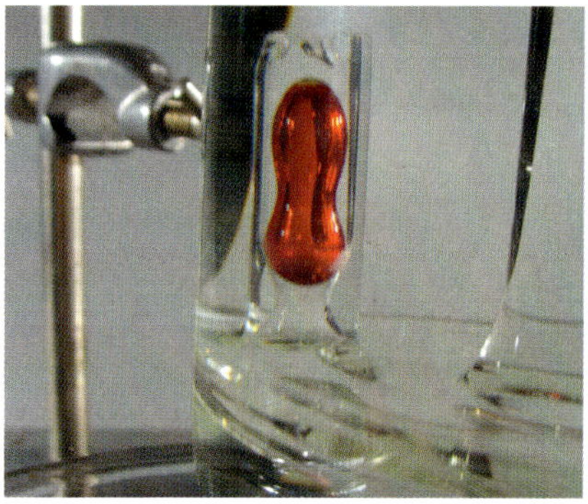

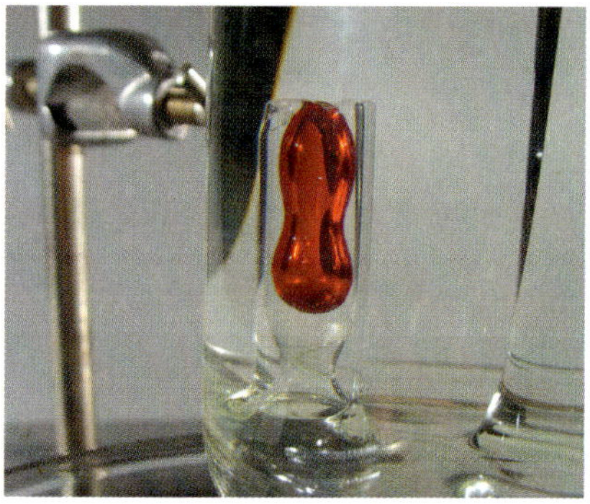

Drückt man jetzt oben auf den Griff, verändert sich das obere Ventil auf der Trennwand. Links ist es geschlossen, da sitzt es unten, rechts ist es offen, da befindet es sich ganz oben.

Dieses Ventil öffnet sich also, wenn ich oben auf den Griff drücke. Und wenn dieses Ventil geöffnet ist, kann das Wasser aus der unteren in die obere Kammer fließen.

Weil man mit klarem Wasser so schlecht zeigen kann, wie das Ganze funktioniert, schütte ich jetzt unten in den Topf Tinte und färbe das Wasser damit blau ein.

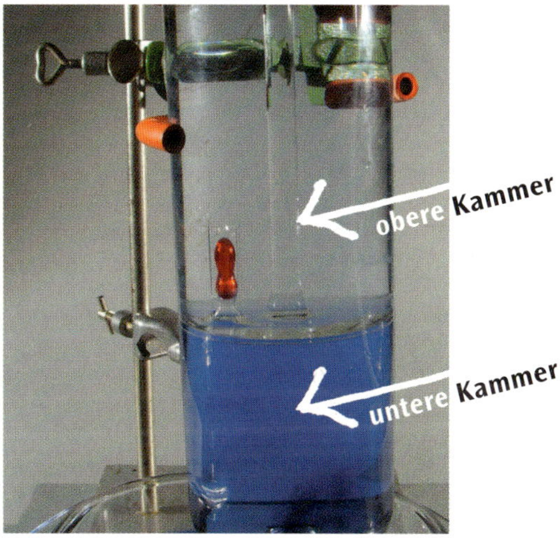

Beim Ziehen oben an dem gläsernen Griff öffnet sich zunächst wieder nur das untere Ventil und das blaue Wasser wird in die untere Kammer gezogen. Man kann auch sagen: Es wird in die untere Kammer angesaugt, und das auch nur bis unterhalb der Trennwand. Denn das Ventil auf der Trennwand ist noch geschlossen und lässt nichts durch.

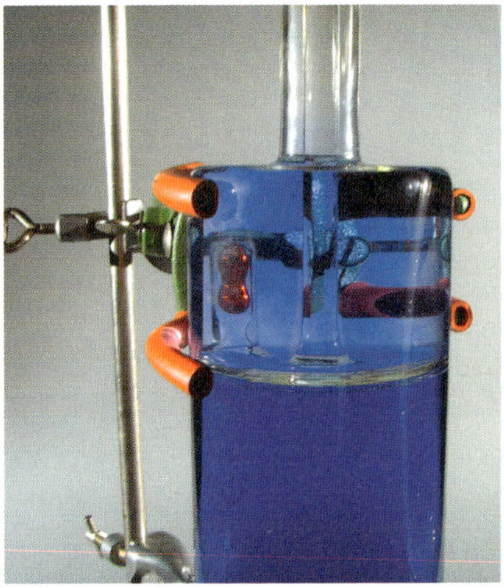

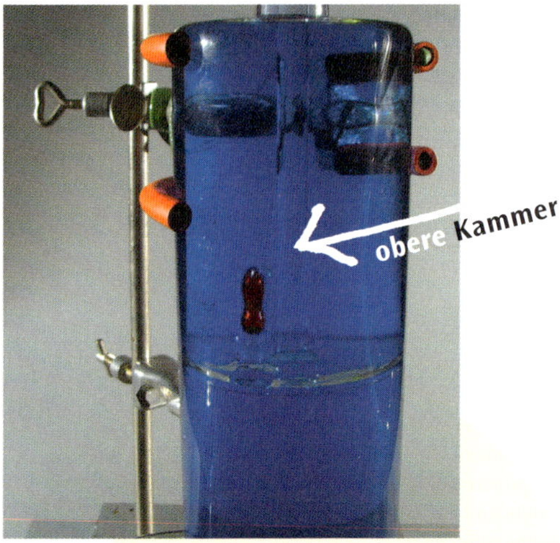

Drücke ich den Griff wieder nach unten, schließt sich das Ventil unten im Glastopf, damit das Wasser nicht wieder zurückfließt. Dafür öffnet sich jetzt das Ventil auf der Trennwand und lässt die blaue Flüssigkeit in die obere Kammer.

Jedes Mal wenn man oben an dem Griff zieht, zieht man damit die Trennwand nach oben. Und jedes Mal wird der Raum über der Trennwand kleiner. Beim ersten oder zweiten Pumpen ist noch wenig blaue Flüssigkeit über der Trennwand.

Mit jedem Pumpen wird es mehr, bis so viel blaue Flüssigkeit über der Trennwand ist, dass das blaue Wasser bis zum Auslauf reicht, über den es dann abfließen kann.

Das Geheimnis bei so einer Ventilpumpe liegt also in zwei Schritten. Erster Schritt: Ansaugen des blauen Wassers in die untere Kammer. Zweiter Schritt: Das blaue Wasser wird von der unteren in die obere Kammer gepumpt und anschließend über den Auslauf ausgestoßen. Und das funktioniert nur dadurch, dass sich die beiden Ventile abwechselnd öffnen und schließen. Ist das untere Ventil offen, ist das obere zu, und umgekehrt.

Genauso funktionieren zum Beispiel solche Gartenpumpen, die einen Schwengel haben.

27 Was passiert, wenn man an der Haustür auf einen Klingelknopf drückt?

Dazu habt ihr uns viele Fragen gestellt, zum Beispiel: »Warum klingelt es oben in der Wohnung, wenn man vor der Haustür auf die Klingel drückt?« oder »Wie funktioniert der Türöffner genau?« Beide Fragen kann man zusammen beantworten, denn sie hängen auch zusammen. Sowohl die Klingel als auch der Türöffner arbeiten mit Strom. Allerdings brauchen die nicht so eine große Spannung, wie man sie in der normalen Steckdose hat, sondern nur eine Spannung wie bei der Spielzeugeisenbahn, also 12 Volt. Manche arbeiten auch mit nur 8 Volt.

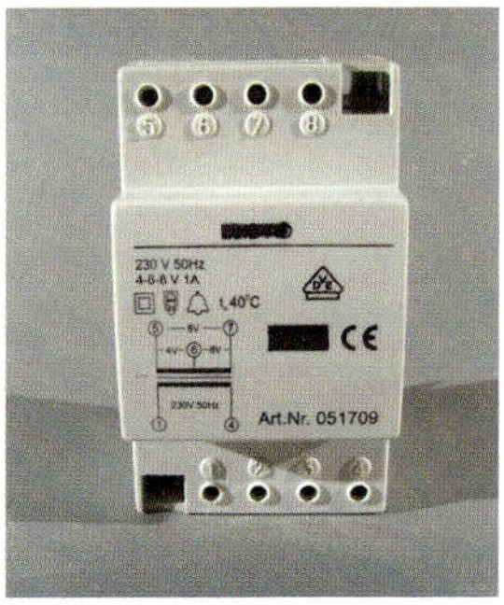

Um die Spannung von 12 Volt zu erhalten, braucht man einen sogenannten **Klingeltrafo**. So sieht er aus. Ein unscheinbares Ding, das man fast nie zu Gesicht bekommt, es sei denn, man schaut einmal im Keller im Schaltkasten nach.

Was macht der? Er wandelt die 220 Volt aus dem normalen Stromnetz in die niedrige Spannung von 12 oder 8 Volt um. Sehen kann man davon leider nichts – wie immer, wenn es sich um Strom handelt.

Außerdem gibt es noch ein kleines Problem:

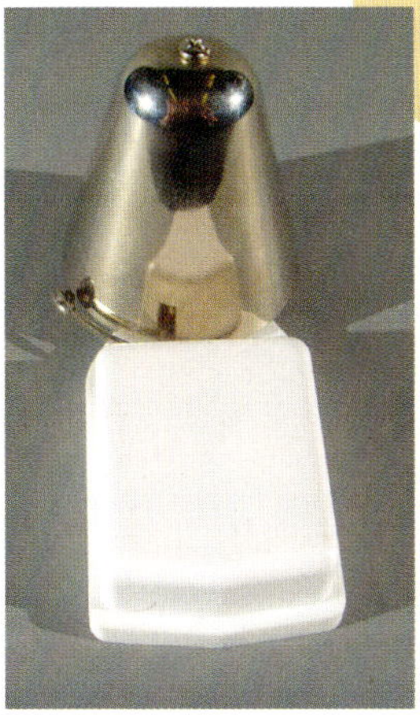

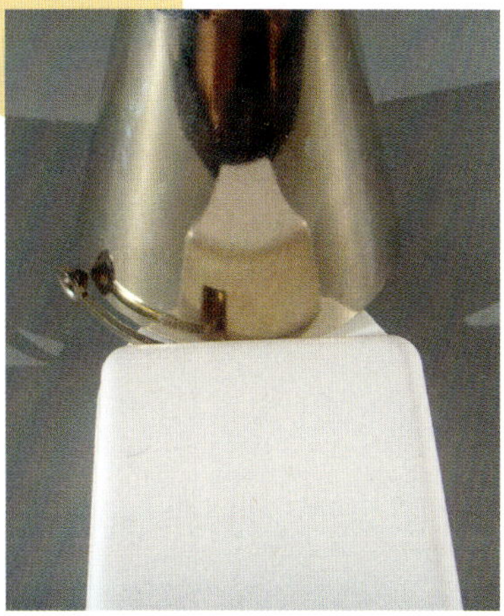

Könnt ihr erkennen, auf welchem der beiden Bilder die Klingel läutet? Nein? Keine Panik, ihr habt's nicht auf den Augen. Dass es klingelt, kann man nur hören, aber nicht im Foto abbilden, da man die Bewegung nicht sichtbar machen kann. (Übrigens, es läutet gerade rechts.)

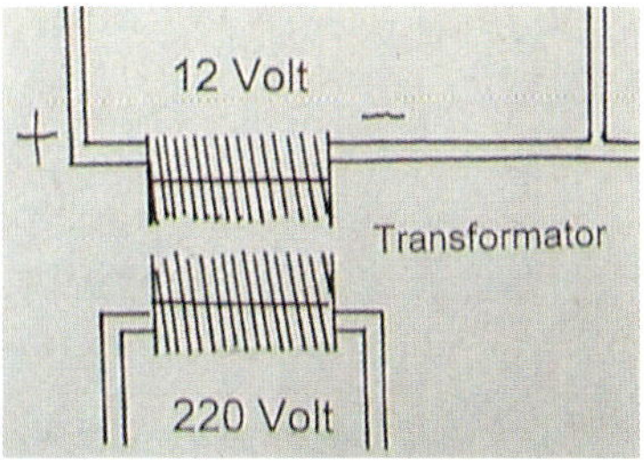

Und deswegen muss ich das mit dem Klingeln auch besser mithilfe von ein paar Zeichnungen erklären.

Was ihr hier seht, ist in meinen Zeichnungen das Symbol für den Klingeltrafo. Die dicht beieinanderliegenden schrägen Striche sollen die beiden Spulen darstellen, die den Strom umwandeln.

Das, wo man an der Haustüre draufdrückt, ist der Klingelknopf. Solche Klingelknöpfe gibt es in allen möglichen Ausführungen und Farben. Aber bei allen gilt, dass die Klingel nur schellt, solange man auf den Knopf drückt. Ich habe mal einen einfachen genommen, um zu zeigen, wie das funktioniert.

Übrigens:
Die beiden Silben Tra-fo im Wort »Klingeltrafo« sind eine Abkürzung für das Wort »Transformator«. Das kommt aus dem Lateinischen und heißt übersetzt etwa: der »Hinüberformer«.

Wenn man den Deckel abschraubt, sieht man darunter zwei Metallstreifen, die in der Mitte nicht verbunden sind.

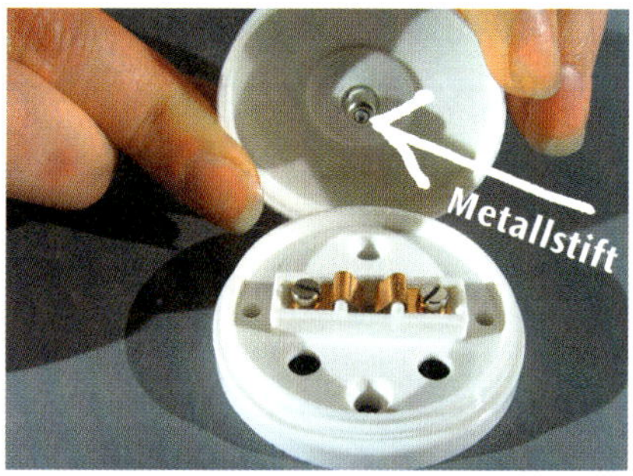

In der Abdeckung, unter dem Knopf, sitzt ein Metallstift. Drückt man nun auf den Knopf, wird der Stift nach unten zwischen die beiden Metallstreifen gedrückt. Auf dem rechten Bild sieht man, wie er heruntergedrückt ist.

Dadurch wird ein Kontakt zwischen den beiden Metallstreifen hergestellt und der Strom kann fließen. In meinen Zeichnungen musste ich mir dafür Symbole suchen.

So sieht es aus, wenn der Knopf nicht gedrückt ist: 

Und so, wenn der Knopf gedrückt und der Kontakt geschlossen ist: 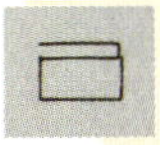

Die gleichen Symbole habe ich auch für die Türöffner verwendet.

Und die Klingel in der Wohnung sieht in der Zeichnung so aus: 

Jetzt kann's losgehen.

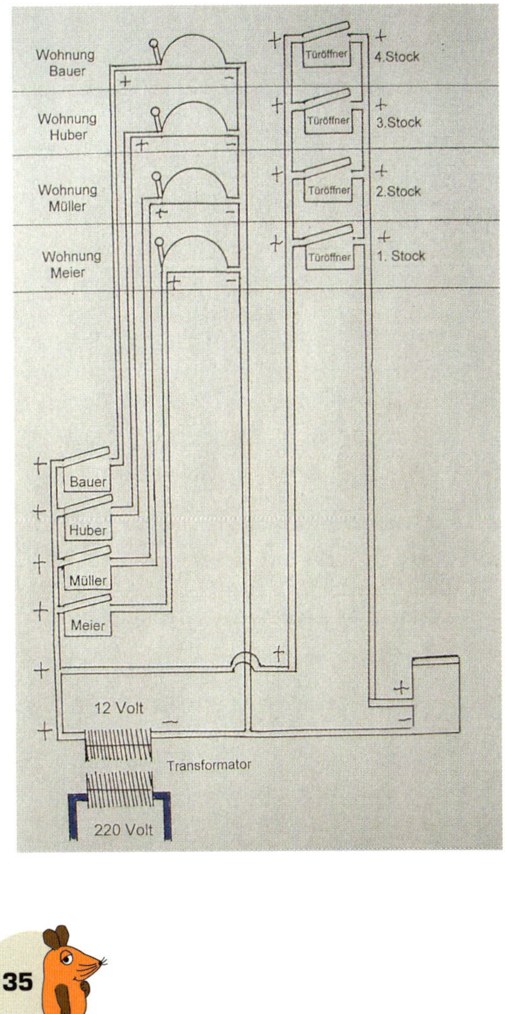

Wir stellen uns ein 4-stöckiges Haus vor, in dem 4 Familien wohnen. Noch ist es ganz ruhig, niemand kommt, nichts passiert. Rechts die Haustür ist geschlossen.

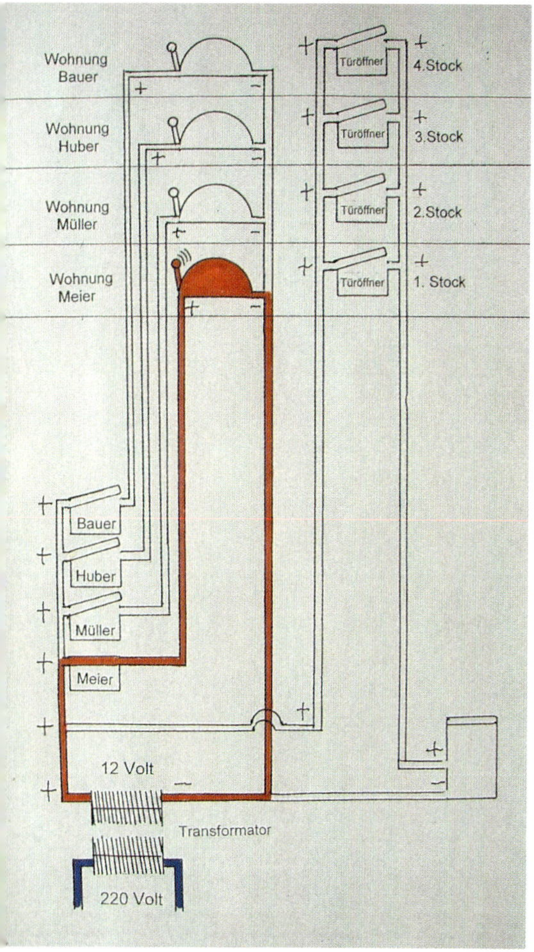

Jetzt steht jemand vor der Tür und klingelt bei Meiers. Der Klingelknopf hat den Kontakt geschlossen, der Strom fließt und es schellt in Meiers Wohnung im ersten Stock.
Die Haustür ganz rechts ist aber immer noch geschlossen.
Jetzt betätigt Frau Meier in ihrer Wohnung den Türöffner.

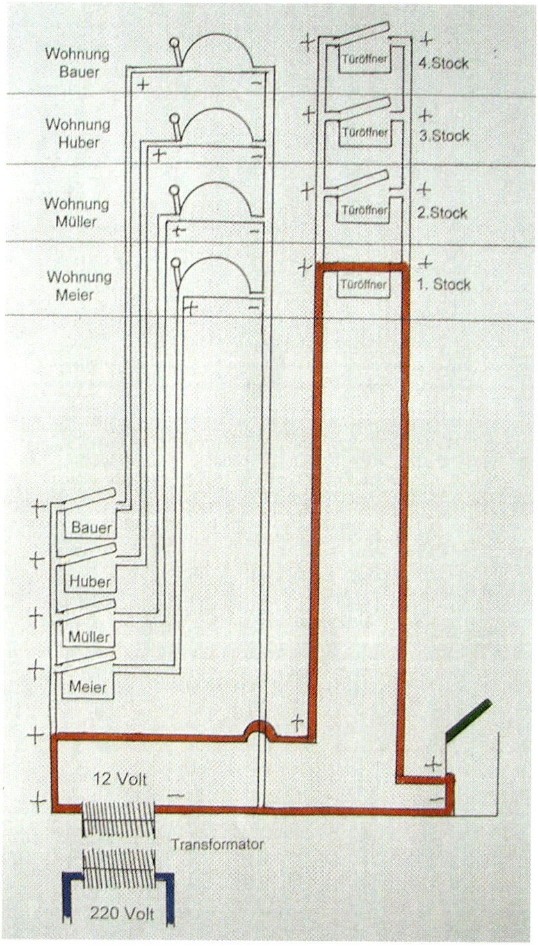

Sie drückt auf den Türöffner, der Kontakt wird geschlossen und ein kleiner Magnet öffnet unten rechts die Haustür, sie springt auf.
Nachdem der erste Besucher ins Haus gegangen ist, fällt die Haustür wieder zu.

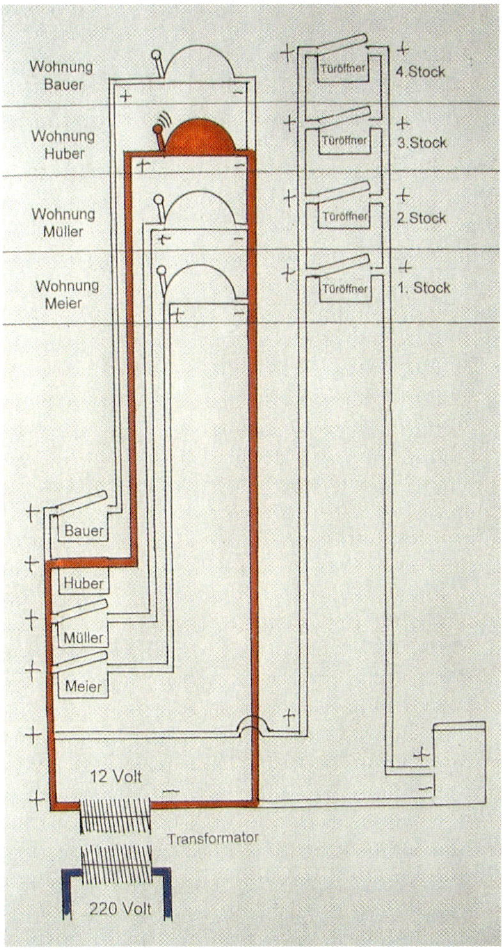

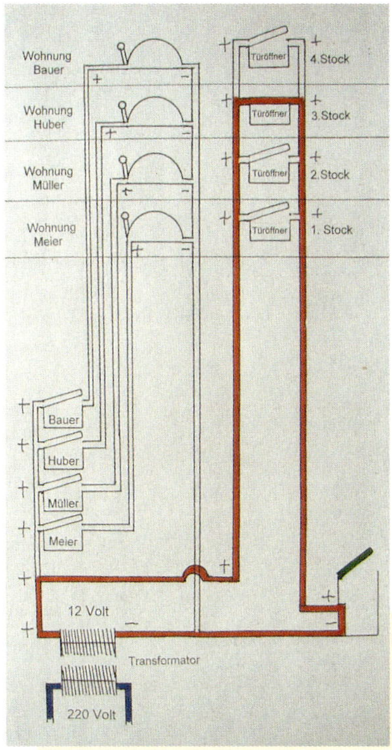

Kurze Zeit später klingelt der Postbote bei Huber. Im Prinzip geschieht jetzt das Gleiche, nur, weil der Postbote einen anderen Knopf gedrückt hat, nimmt der Strom einen anderen Weg, und es klingelt in der 3. Etage.

Auch Herr Huber drückt auf den Knopf, um die Tür unten zu öffnen und den Postboten hereinzulassen. Weil er aber im 3. Stock wohnt, muss der Strom auch da einen anderen Weg nehmen. Die Tür springt auf und der Postbote kann eintreten.

Bei unserem Beispiel braucht man jeweils eine Leitung vom Klingelknopf an der Haustür bis zur Klingel in der Wohnung und vom Knopf, der die Tür aufdrückt, bis zum Türöffner im Erdgeschoss. Wenn man das alles richtig zusammenschaltet, sind für die insgesamt 10 Klingeln und die entsprechenden Türöffner 13 Leitungen nötig. (Hat mir ein Elektriker gesagt.)

Es gibt aber noch eine zweite Möglichkeit. Da funktioniert das mit dem Klingeln und Tür öffnen elektronisch und zwar mithilfe eines Minicomputers.

Dafür braucht man nur 2 Leitungen, die durch das ganze Haus gehen. Diese beiden Leitungen funktionieren dann als ein sogenannter »Daten-Bus«. Wichtig ist dabei noch, dass jede Klingel eine eigene »Adresse« hat. Die wird schon beim Einbau in eine Art Kleincomputer einprogrammiert.
Wenn jetzt jemand unten auf die Klingel von den Hubers drückt, macht sich der »Daten-Bus« auf den Weg und kann mithilfe der im Computer abgespeicherten Adresse die richtige Wohnung ansteuern. Dort klingelt es dann. Davon kann man aber leider nichts sehen.

28 Warum stinkt es nicht aus dem Klo, wenn das doch mit der Kanalisation verbunden ist?

Im Abwasser und in der Kanalisation stinkt es ganz erbärmlich, weil ja immerzu alle möglichen Leute aufs Klo gehen. Und deswegen müsste es doch eigentlich auch aus dem Klo stinken. Und aus dem Waschbecken, denn der Auslauf des Waschbeckens und der Auslauf der Toilette sind miteinander verbunden und beides fließt zusammen in die Kanalisation. Aber es stinkt trotzdem nicht (wenn man nicht gerade einen Haufen gemacht hat).

Wie kommt das?

Das liegt an der Geruchssperre. Manche Leute nennen das Ding auch **Siphon**.

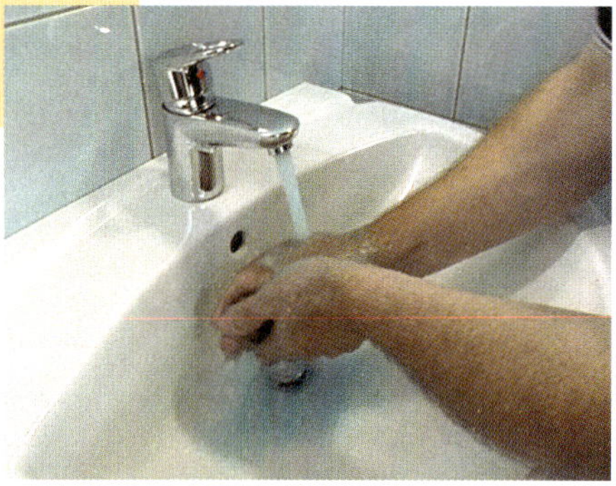

Und die funktioniert so: Der Trick besteht darin, dass das abfließende Wasser durch ein Rohr geleitet wird, das die Form eines »U« hat, bevor es in die Kanalisation kommt. Weil man das bei diesem weißen Rohr nicht zeigen kann, bauen wir mal ein durchsichtiges U ein.

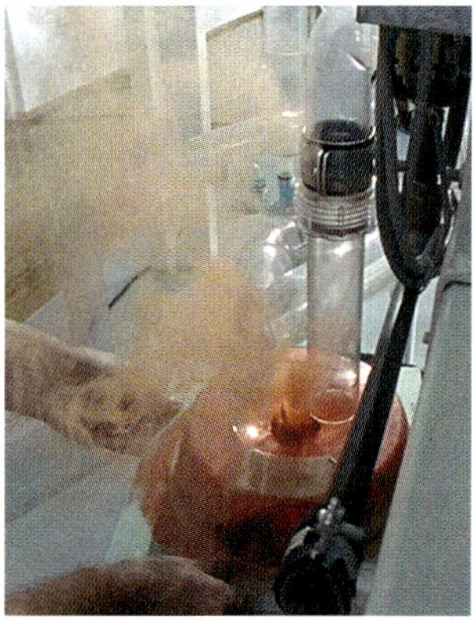

Funktionieren kann die Geruchssperre aber nur, wenn in dem U Wasser steht. Was passiert, wenn da noch kein Wasser drin ist, probieren wir jetzt aus. Und weil man Gestank oder Mief ja nicht sehen kann, haben wir braunen Qualm genommen, um zu zeigen, wie es ist, wenn in der Geruchssperre kein Wasser ist.

Weil jetzt also noch kein Wasser in der Geruchssperre drin ist, kann der Mief ungehindert durch das U des Abflussrohres nach oben steigen …

… und es stinkt aus allen Löchern. Das soll der braune Qualm zeigen.

Wenn man sich die Hände wäscht und das Wasser fließt durch den Auslauf ab, dann bleibt aber normalerweise im unteren Bogen von diesem U immer ein wenig Wasser stehen.

Dass das Wasser da unten im Rohr stehen bleibt, hat mit dem Gesetz von den **kommunizerenden Röhren** zu tun. Hört sich lustig an und bedeutet Folgendes: Normalerweise fließt Wasser immer nur von oben nach unten. Auf diesem Bild sieht man, dass der eigentliche Abfluss in der Wand aber höher liegt als der tiefste Punkt im U. Man sieht auch, dass das zuletzt benutzte Wasser nur genau bis zu dem Punkt abgeflossen ist, wo links der Knick in die Wand ist.

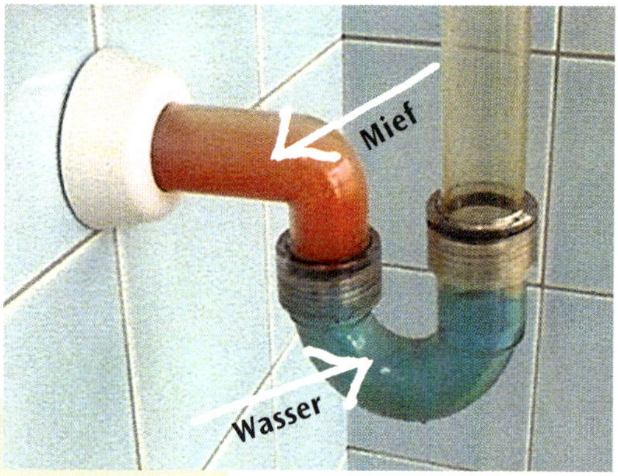

Der Rest des Wassers bleibt in beiden Beinen des U gleich hoch stehen, es kann gar nicht anders – und zwar genau bis zu dem Punkt, wo der Knick ist. Das ist das Gesetz von den kommunizierenden Röhren.

Beim nächsten Mal Händewaschen wird das, was jetzt unten steht, weggespült, dafür bleibt von der nächsten »Fuhre« wieder genau so viel unten im U stehen wie jetzt. Und damit man das besser sieht, haben wir das mit blauem Wasser gemacht.

Jetzt ist aber noch etwas entscheidend: Luft kann in Wasser immer nur nach oben steigen, nicht nach unten. Es kann also in dem linken Schenkel des »U« nicht erst nach unten und danach rechts wieder nach oben kommen. Das verhindert das Wasser.

Auf dem oberen Bild sieht man, dass der braune Qualm (der Mief) nur bis zum linken Schenkel des U reicht. Rechts auf dem Stück, das nach oben geht, ist nichts mehr davon zu sehen.

Ganz einfach: Der Mief besteht hauptsächlich aus Luft und kann nicht durch das in U-Form gebogene Rohr zurück. Die Geruchssperre verschont uns also vor den unangenehmen Gerüchen.

Übrigens:
Wenn man ein Waschbecken oder ein Klo lange Zeit nicht benutzt hat, kann es passieren, dass das Wasser im U langsam verdunstet. Und zwar so weit, dass das U nicht mehr mit Wasser gefüllt ist. Dann kann der Mief wieder ungehindert durch. Lässt sich sofort beheben, indem man etwas Wasser in den Abfluss laufen lässt, das U füllt sich wieder und der Gestank ist wieder gebannt.

Und bei der Toilette ist es nach dem Abziehen genauso. Um das zu zeigen, haben wir eine Toilette in der Mitte aufgeschnitten und das U mit Glas zugemacht. (Sonst wäre uns das Wasser ja in die Bude gelaufen.)

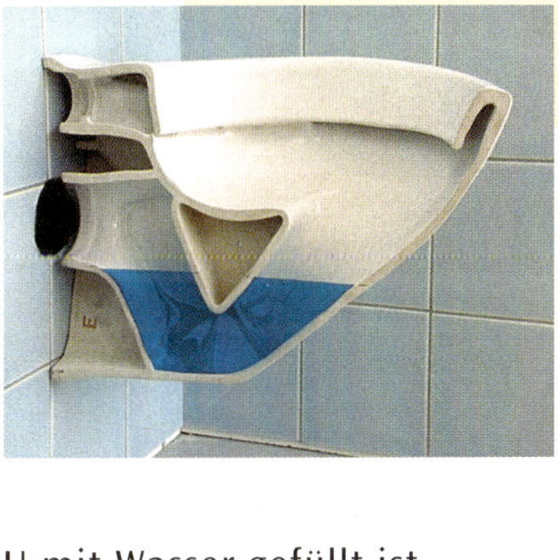

Auch hier sieht man, dass das U mit Wasser gefüllt ist, durch das der Mief nicht nach außen gelangen kann. Die Geruchssperre ist also eine ziemlich gute Erfindung.

29 Wie kommt es, dass man von jeder Etage das gesamte Treppenhauslicht einschalten kann und dass es dann von alleine wieder ausgeht?

Meistens ist es ja so, dass man mit einem Schalter nur eine Lampe an- oder ausschaltet. Wenn man aber in ein Haus mit mehreren Stockwerken geht, dann gibt es da unten und auf jeder Etage einen Druckknopf, mit dem man das Licht im ganzen Treppenhaus anschalten kann. Und dieses Licht geht auch nach einer kleinen Weile wieder von selbst aus.

Diese »kleine Weile« ist so berechnet, dass man von unten ganz gemütlich bis in die letzte Etage gehen, den Hausschlüssel suchen und die Türe aufschließen kann. Wenn das Licht nach einer bestimmten Zeit wieder von selbst ausgeht, muss das also irgendetwas mit einer Uhr zu tun haben.
Und genauso ist es auch. Aber wie funktioniert das genau?

So sieht ein Druckknopf aus, mit dem man das Treppenhauslicht einschaltet. Er kann natürlich eine andere Farbe haben und auch eine andere Form. In der Mitte haben sie aber fast alle ein »Lichtwürmchen«, das in der Dunkelheit glimmt, damit man den Knopf auch findet. Dieser Knopf – man kann auch sagen »Taster« – arbeitet genauso wie ein Klingelknopf. Der Stromkreis ist nur geschlossen, solange man draufdrückt.

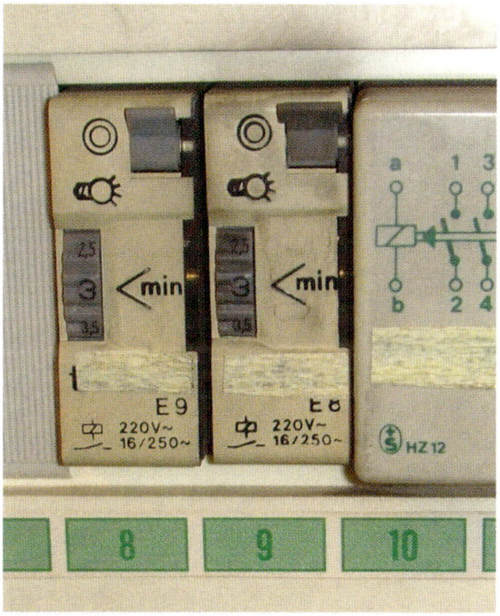

So sehen die **Schaltuhren** aus, die dafür sorgen, dass das Licht eine Zeit lang leuchtet, dann aber wieder ausgeht. Diese Schaltuhren befinden sich meist in einem Schaltkasten oder in einem Sicherungskasten im Keller oder an der Stelle, an der die gesamte Stromzufuhr ins Haus kommt. Bei uns gibt es zwei davon, eine für das Treppenhaus und eine für die Garage. Wie man sehen kann, sind beide auf 3 Minuten eingestellt.
Diese Zeit kann man aber beliebig wählen, je nachdem wie hoch das Treppenhaus ist.
Und dass es sich dabei um eine Uhr handelt, merkt man daran, dass dieses kleine Gerät tickt, wenn es einmal eingeschaltet ist.

Das ist unser Treppenhaus. Hier werden gleichzeitig eine ganze Reihe von Lampen angeschaltet. Und weil man nicht sehen kann, was im Einzelnen geschieht, habe ich dazu ein paar Zeichnungen gemacht.

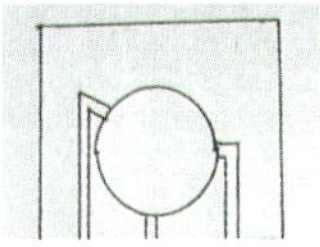

Das Kästchen mit dem runden Kreis ist das Symbol für die Schaltuhr. Sie hat 3 Kontaktpunkte.

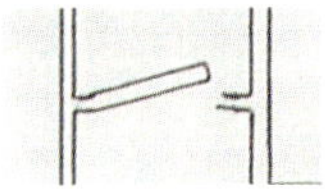

Das ist das Zeichen für einen der Druckknöpfe oder Lichtschalter.

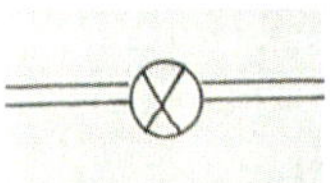

Und das ist das Zeichen für jeweils eine Lampe im Treppenhaus.

Jetzt gucken wir mal, was passiert, wenn jemand den Lichtschalter betätigt.

Das soll die ganze Anlage sein. Oben seht ihr die Schaltuhr, von links kommt die Spannung an. Die ist mit + und – gekennzeichnet. Fünf Taster (für fünf Lichtschalter) hab ich mal gezeichnet und vier Lampen. Das könnten aber auch 10 oder 20 sein. Das Prinzip ist das gleiche.

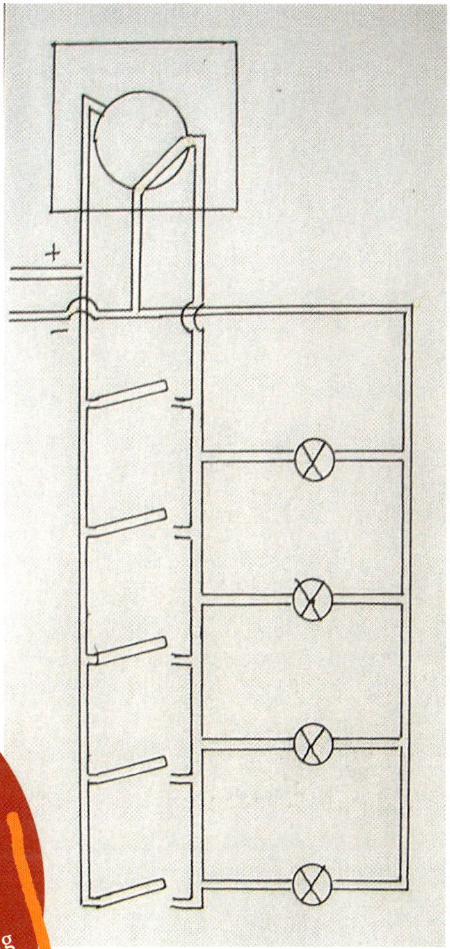

Übrigens:
Da, wo sich die Kabel kreuzen und ich solche Bögen gezeichnet habe, bedeutet das, dass die Kabel sich hier nicht berühren, das ist wichtig, denn sonst gäbe es einen Kurzschluss. Und dann würde nichts mehr funktionieren und die Sicherung würde sich verabschieden.

Noch ist alles ganz ruhig, niemand hat auf einen Lichtschalter gedrückt, es fließt noch kein Strom. Im Ruhezustand sind in der Schaltuhr der rechte und der untere Kontaktpunkt verbunden.

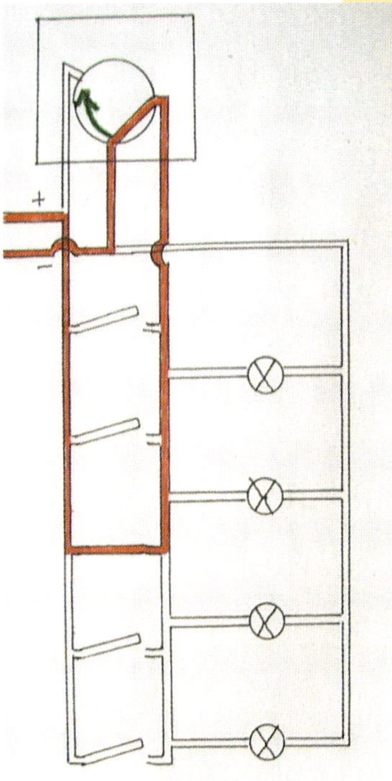

Jetzt hat jemand auf den dritten Lichtschalter (den auf der zweiten Etage) von unten gedrückt. Der Stromkreis schließt sich und damit springt der Schalter in der Uhr zu dem oberen Kontakt. Das habe ich mit dem grünen Pfeil angedeutet. Durch diesen Impuls wird das gesamte Treppenhauslicht angeschaltet und im gleichen Augenblick fängt die Uhr an zu laufen – bei unserem Beispiel für 3 Minuten.

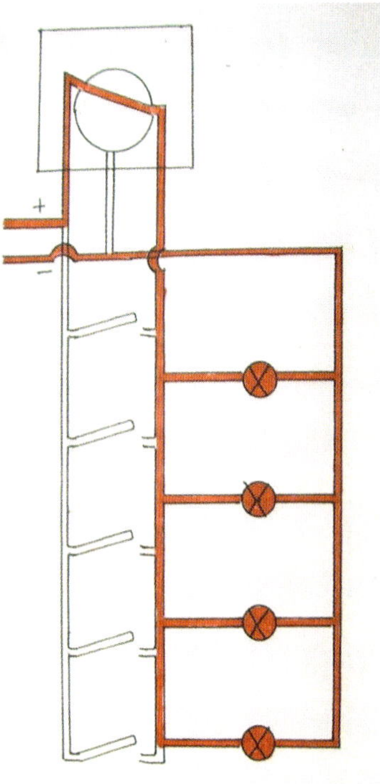

Wenn der Schalter in der Uhr den oberen Kontakt schließt, nimmt der Strom einen anderen Weg und versorgt alle Lampen. Die brennen jetzt für die nächsten drei Minuten, dann fällt der Schaltkontakt wieder zurück in seine Anfangsstellung, also in den Ruhezustand und alle Lampen im Treppenhaus gehen aus.

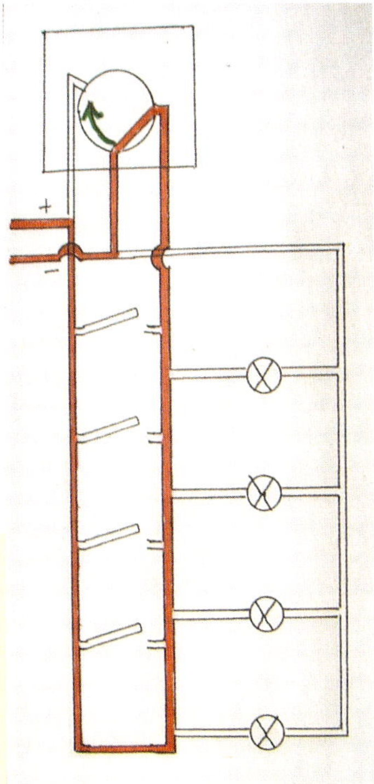

Wenn jetzt jemand auf den Lichtschalter ganz unten (Erdgeschoss) drückt, schließt sich der Stromkreis wieder. Nur nimmt der Strom diesmal den Weg über die untere Taste. Ansonsten geschieht das Gleiche wie eben. Der Schalter in der Uhr schließt den oberen Kontakt …

… und alle Lampen werden wieder mit Strom versorgt und leuchten.

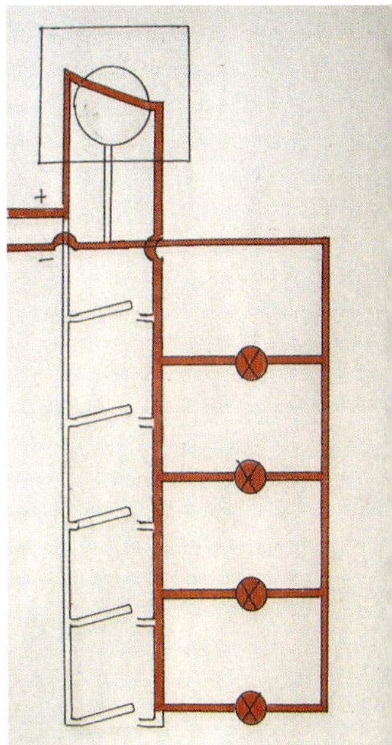

Es gibt auch Treppenhausbeleuchtungen mit vier Drähten. Das sind sogenannte »nachschaltbare« Anlagen.
Bei denen kann man, wenn das Licht noch nicht ausgegangen ist, erneut auf den Taster drücken. Das Licht bleibt dann für zum Beispiel weitere drei Minuten eingeschaltet.

30 Wie funktioniert eine Gegensprechanlage?

Eine Gegensprechanlage ist so etwas Ähnliches wie ein Telefon. Nur braucht man keine Nummer zu wählen, sondern man hebt einfach ab und schon ist man mit der anderen Seite verbunden. Die kann man zum Beispiel benutzen, wenn man vom Keller etwas in die Dachwohnung zu sagen hat oder wenn jemand vor dem Gartentor steht, und man selbst ist im Haus. Es gibt viele Möglichkeiten, wo eine Gegensprechanlage sinnvoll ist.

Sie besteht immer aus mindestens zwei Stationen. In einem großen Haus können es auch erheblich mehr sein. Der Deutlichkeit halber habe ich aber eine genommen, die nur zwei Stationen hat.

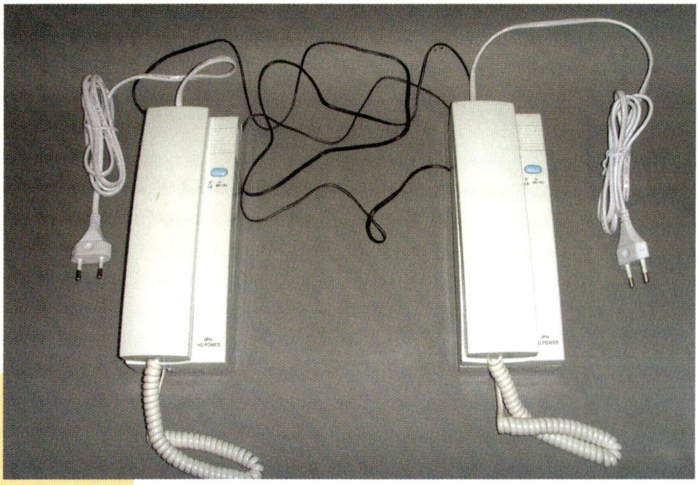

An den weißen Steckern rechts und links sieht man: Ohne Strom geht hier nichts. Denn auch eine Gegensprechanlage arbeitet mit Strom. Und damit die beiden Gesprächspartner sich gegenseitig verständigen können, sind die beiden Stationen mit einem schwarzen Kabel verbunden. Darüber laufen die Gespräche hin und her.

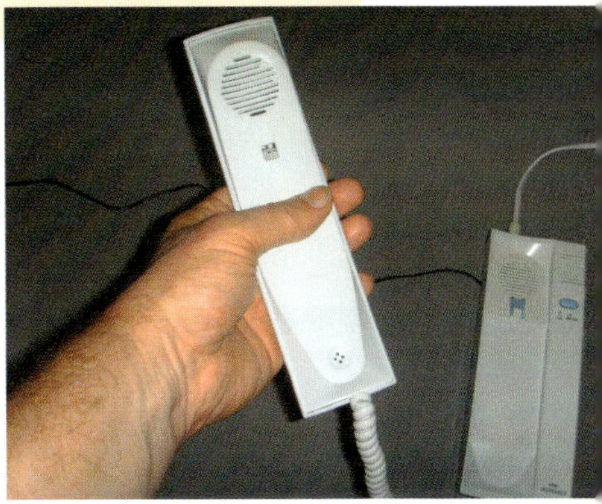

Jede Station besteht aus einem **Handgriff** und einer **Basisstation**. Den Handgriff halte ich in der Hand, die Basisstation ist der weiße Kasten, der auf dem Tisch liegt. Wenn man den Handgriff abnimmt, dann sieht man oben ein paar Schlitze und unten kleine Löcher. Hinter den Schlitzen oben im Handgriff befindet sich ein kleiner Lautsprecher, über den man hört, was der andere sagt. Hinter den Löchern unten ein kleines Mikrofon, in das man selbst hineinspricht.

Nimmt man den Handgriff auseinander, dann sieht er innen so aus.

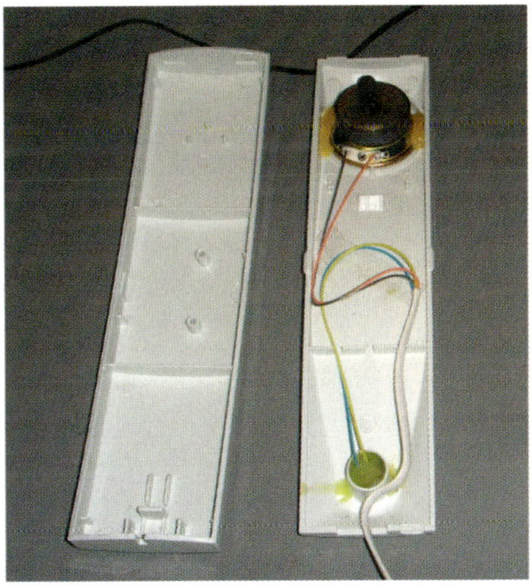

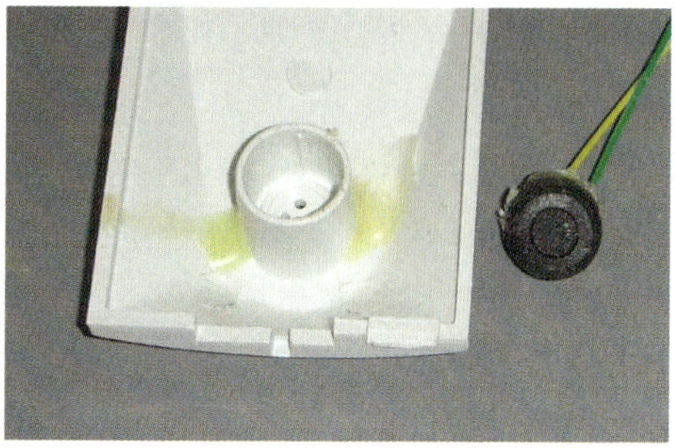

Das größere schwarze Teil ist der **Lautsprecher**. Von dem führen ein schwarzes und ein rotes Kabel weg.

Und unten befindet sich das einfache **Mikrofon**. Von dem führen ein grünes und ein gelbes Kabel weg.

Das rote und das schwarze Kabel vom Lautsprecher und das grüne und das gelbe Kabel vom Mikrofon werden zusammen durch das weiße geringelte Kabel zur entsprechenden Basisstation geführt.

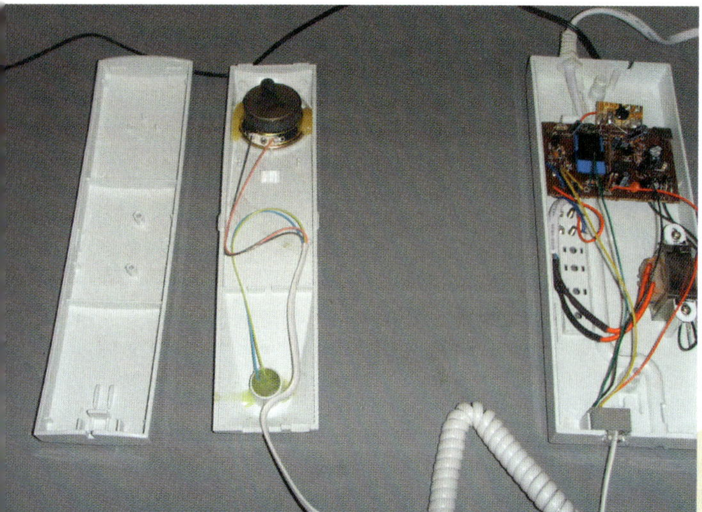

Die Basisstation liegt jetzt geöffnet rechts am Bildrand. In der Basisstation kann man oben schon eine Platine erkennen (das braune rechteckige Teil) und darunter rechts den Trafo.

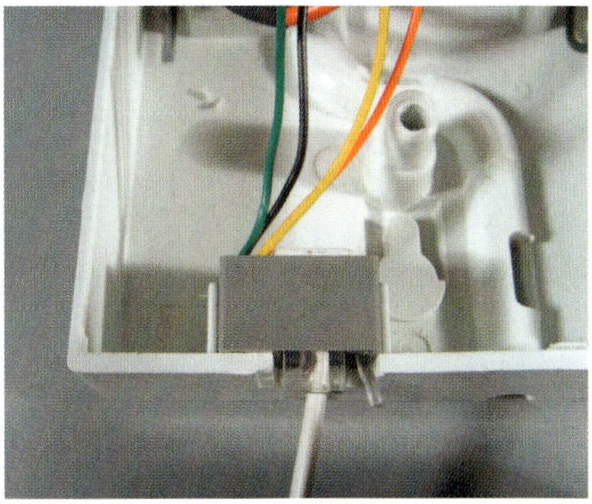

Sobald das weiße Kabel in der Station angekommen ist, werden die vier bunten Drähte wieder getrennt.

Das ist der **Trafo**, den wir eben schon rechts am Bildrand gesehen haben. Der wandelt die normale Spannung von 220 Volt in eine niedrige Spannung (wie bei der Spielzeugeisenbahn) um. Von links kommt über die roten Kabel die normale Spannung von 220 Volt an, rechts wird die Anlage über die schwarzen Kabel mit der niedrigen Spannung versorgt, die sie zum Funktionieren braucht.

Fast alle elektronischen Geräte arbeiten übrigens mit einer niedrigen Spannung: zum Beispiel Telefon, Handy, Computer oder Gegensprechanlagen. Und zwar deswegen, weil die kleinen elektrischen Bauteile keine große Spannung vertragen und die zum Funktionieren auch nicht notwendig ist.

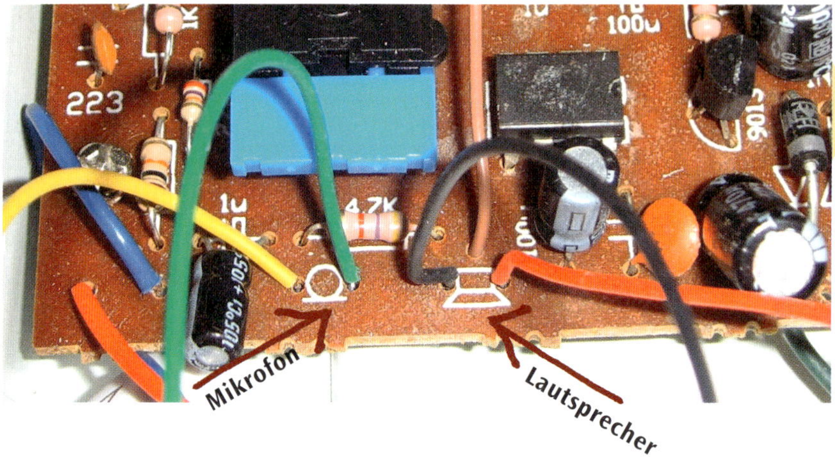

Auf der **Platine**, die wir eben auch schon in der offenen Basisstation gesehen haben, kommen die vier bunten Kabel von Lautsprecher und Mikrofon an. Das grüne und das gelbe sind neben dem Symbol für das Mikrofon angeschlossen, schwarz und rot neben dem Symbol für den Lautsprecher. Diese braune Platine ist das Herzstück der ganzen Anlage.

Und so ein Herzstück ist in jeder der beiden Basisstationen.

Auf der Platine sind eine Menge elektrischer Bausteine verbaut. Und wozu?

Die Gegensprechanlage funktioniert so: Das Mikrofon wandelt die Töne – man kann auch sagen die Schallwellen der Sprache – in winzige Ströme um. Auf dieser Platine werden diese Ströme dann so weit verstärkt, dass sie den Weg bis zur anderen Station, die innen genauso aussieht, überstehen. Dann wandelt der kleine Lautsprecher die ankommenden Ströme wieder in Schallwellen um, die man hören kann. Und alles, was dazu nötig ist, passiert auf dieser Platine.

Von alldem sieht man nichts, wenn die Basisstation wieder zugeschraubt ist.

Übrigens: Türklingel, Türöffner und Gegensprechanlage gibt es sogar auch zusammen in einem Gerät. Manchmal sogar noch mit Kamera.

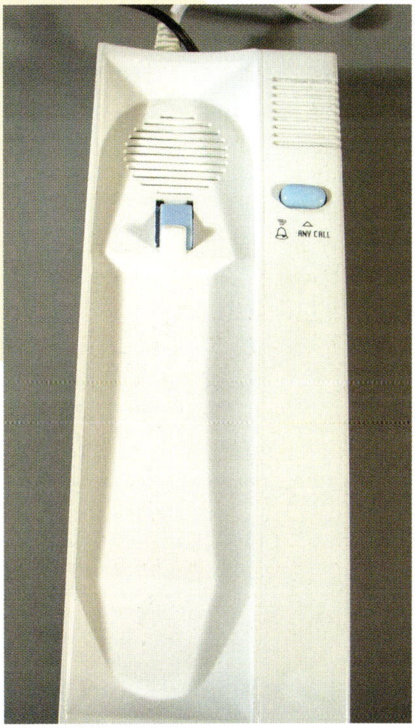

31 Wie funktioniert eine Computer-Maus?

Ich musste ein bisschen suchen, bis ich eine gefunden habe, die eine Kugel hat und die mit einem Kabel mit dem Rechner verbunden wird. Aber an diesen Mäusen mit Kugel und Kabel kann man am besten zeigen, wie sie funktionieren.

Von den vielen Funktionen, die so eine Computer-Maus hat, interessiert uns jetzt nur, wie es möglich ist, dass ich mit der Maus den Zeiger auf dem Bildschirm bewegen kann. Viele nennen diesen Pfeil (oder Zeiger) Cursor. Das ist aber falsch. Der Cursor ist der kleine schwarze Balken, der einem auf dem Bildschirm anzeigt, wo man gerade schreibt.

So sieht die Maus von oben aus, klar.

Wenn man sie umdreht, sieht man unten in der Mitte etwas rundes Weißes. Das ist eine Kugel. Und wenn man die Maus auf dem Untergrund hin und her bewegt, versetzt man dadurch die Kugel in Bewegung.

Schraubt man den Deckel ab, kommt die ganze Kugel zum Vorschein. Sie berührt rechts und oben zwei schwarze Kunststoffachsen. Und damit sie auch immer guten Kontakt mit diesen beiden Achsen hat, wird sie durch ein gefedertes Rad an beide angedrückt. Dieses gefederte Rad sieht man unten links.

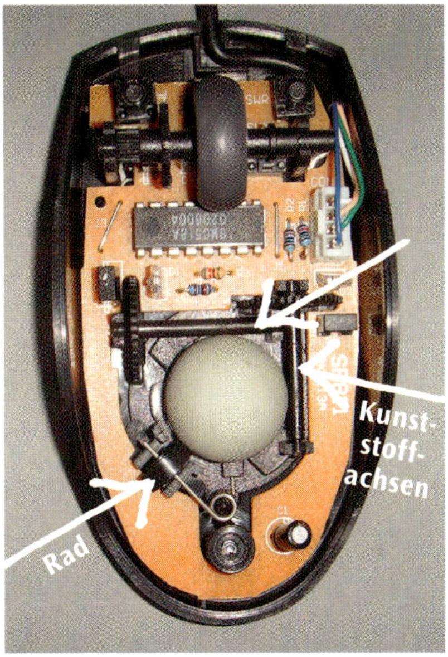

Wenn ich die Maus jetzt auf dem Untergrund von links nach rechts bewege, überträgt sich die Drehung der Kugel nur auf die rechte Achse.

Würde ich die Maus von unten nach oben bewegen, würde sich die Drehung der Kugel nur auf die obere Achse übertragen.

Bewege ich die Maus irgendwie schräg oder kreuz und quer, überträgt sich das im gleichen Verhältnis auf beide Achsen.

An den Enden der beiden Achsen ist jeweils eine Scheibe, die wie ein Zahnrad aussieht. Wichtig bei dieser Scheibe sind nun die Schlitze, die sich zwischen den einzelnen Zähnen befinden.

Auf beiden Seiten dieser Zahnscheibe sieht man einen kleinen Klotz, einen schwarzen und einen hellen. Einer der beiden Klötze sendet einen feinen Lichtstrahl, der andere fängt ihn auf. Der auffangende Klotz ist ein **»fotoelektrisches Element«**. Das bedeutet, er kann aus dem aufgefangenen Licht »Strom« machen. Fällt der ausgesendete Lichtstrahl durch eine Lücke in der Zahnscheibe, entsteht Strom. Wird der Lichtstrahl von einer Zacke abgedeckt, gibt es keinen Strom. Und je nachdem, wie schnell sich die Scheibe – angetrieben von der Kugel – dreht, geht es ganz schnell: **Strom an – aus – an – aus – an – aus…** So was Ähnliches kennen wir schon von der Lichtschranke und auch bei der Frage zum Computer kommt so was noch mal vor.

Wenn sich beide Zahnscheiben drehen, entstehen zwei verschiedene Ströme. Die rechte Scheibe sorgt für die Rechts-Links-Bewegungen, die linke Scheibe sorgt für das Auf und Ab. Und beide zusammen schicken den Zeiger dann kreuz und quer über den Bildschirm.

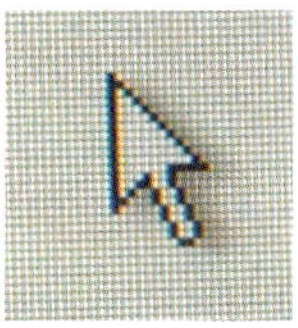

Moderne Computer-Mäuse arbeiten ohne Kabel und ohne Kugel. Das Prinzip ist aber das gleiche.

32 Wer hat eigentlich die Gabel erfunden?

Die Gabel ist von allen Esswerkzeugen wohl die jüngste Erfindung. Aber wo, wie und vor allem von wem sie erfunden wurde, das weiß man heute leider nicht mehr.

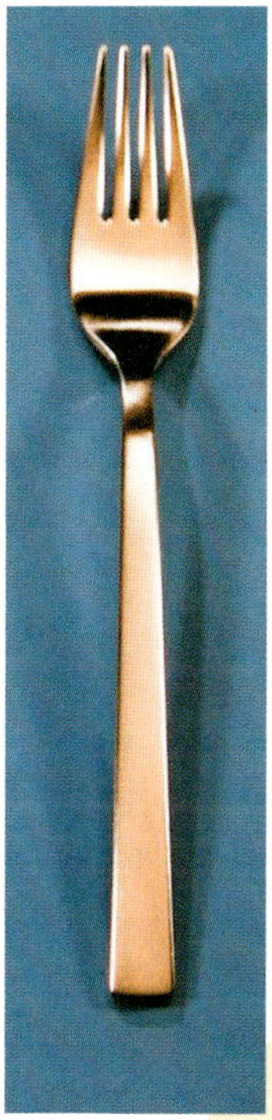

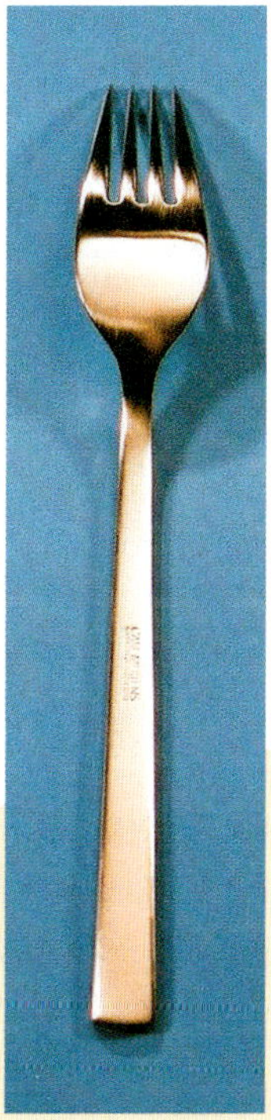

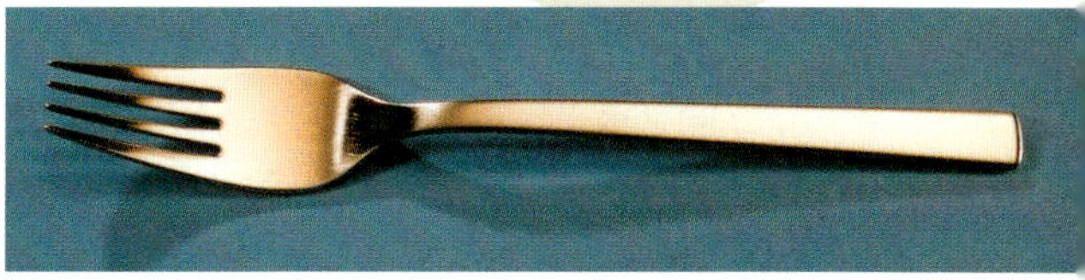

Im alten Rom gab es ein Esswerkzeug, das vielleicht ein Vorläufer der Gabel war: einen kleinen Löffel, der »cochlear« genannt wurde und der am Stielende eine spitze Zinke hatte. So könnte er ausgesehen haben:

Damit wurden beim Essen Schnecken oder Eier aufgepikst.

Wahrscheinlich hat in grauer Vorzeit auch irgendjemand mal eine Astgabel genommen und damit ein Stück Fleisch aufgespießt, um es beim Braten über dem Feuer besser drehen und wenden zu können. Man vermutet, dass diese Technik später mit ähnlichen Gabeln aus Metall in den Küchen zum Braten von Ochsen oder Schweinen weiter verwendet wurde.

Eine Tischgabel zum Essen, so wie wir sie kennen, war das aber noch lange nicht.

Gegessen wurde überall normalerweise mit einem Löffel oder mit den Fingern.

Jetzt fragt ihre euch bestimmt, was dieses Foto hier bloß zu suchen hat. Das ist übrigens die Sultan-Ahmet-Moschee in Istanbul. **Folgendes:** Es gibt eine Geschichte zur Gabel, die besagt, dass die ersten Gabeln in Byzanz (also dem heutigen Istanbul) erfunden worden sind und von dort durch Heirat in Fürstenhäusern bis nach Italien gekommen sein sollen.

Klingt spannend, kann man aber nicht beweisen. Und wie diese Gabeln ausgesehen haben, weiß man auch nicht.

Es gibt Hinweise darauf, dass die Gabel in ihrer heutigen Form in Italien erfunden worden sein könnte – in der Zeit der Renaissance. Wahrscheinlich zur gleichen Zeit, als man auch die Spaghetti erfand. Aber auch das ist nur eine Geschichte, die sich nicht beweisen lässt.

Oder war es doch so, dass Marco Polo die Spaghetti aus China nach Italien gebracht hat? Vielleicht ist er bei der gleichen Reise auch irgendwo auf die Gabel gestoßen?

Ihr seht schon, das ist gar nicht so einfach mit der Gabel …

Feststeht auf jeden Fall, dass die Gabel im Mittelalter von der Kirche als »Hexenwerkzeug« bezeichnet und als »Teufelsforke« verschrien wurde.

Und man weiß außerdem, dass im Norden Europas, also hier bei uns, Fleisch – wenn es denn welches gab – weiterhin mit dem Messer geschnitten, mit der Messerspitze aufgepikst und dann zum Mund geführt wurde.

Ich habe mich mal auf die Suche gemacht, und die Abbildungen von den ältesten Gabeln, die ich gefunden habe, stammen aus einer Veröffentlichung des ehemaligen Besteckmuseums Bodo Glaub (das existiert heute leider nicht mehr).

Die 3-zackige Gabel ganz links ist sehr alt, sie wurde bei einer Ausgrabung in Amlash (im Iran) gefunden und soll aus dem 2. bis 6. Jahrhundert nach Christus stammen. Welchen Zweck sie hatte, ob sie zum Essen benutzt wurde, kann nur vermutet werden.

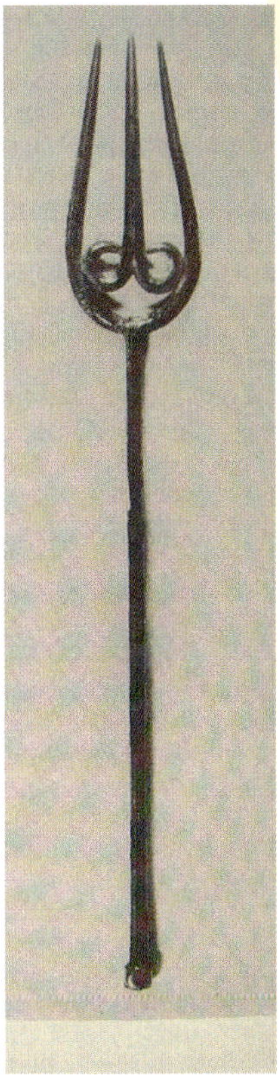

Die 2-zackige Gabel daneben kommt aus Europa und stammt aus dem späten 16. Jahrhundert.

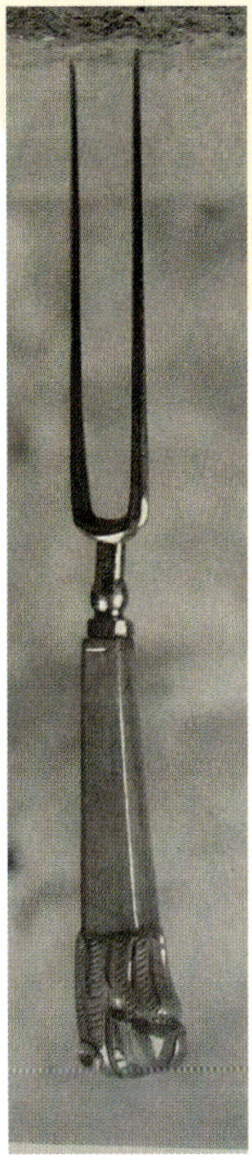

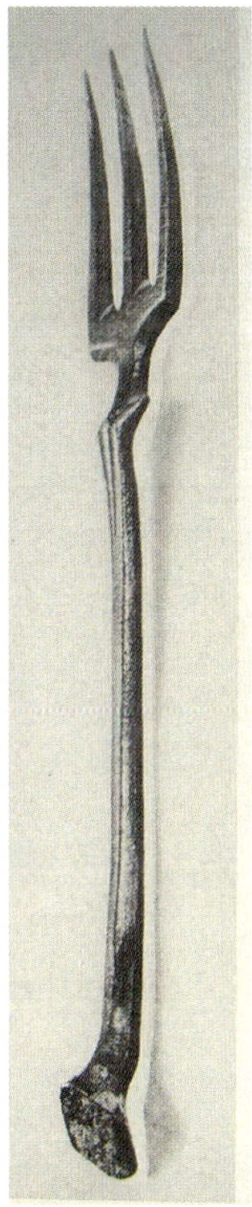

Die dritte Gabel mit den 3 Zinken ist dann schon als »Obst- oder Konfektgäbelchen« bezeichnet. Sie stammt aus dem 17. Jahrhundert. Als Herkunftsort ist auch wieder nur Europa angegeben.

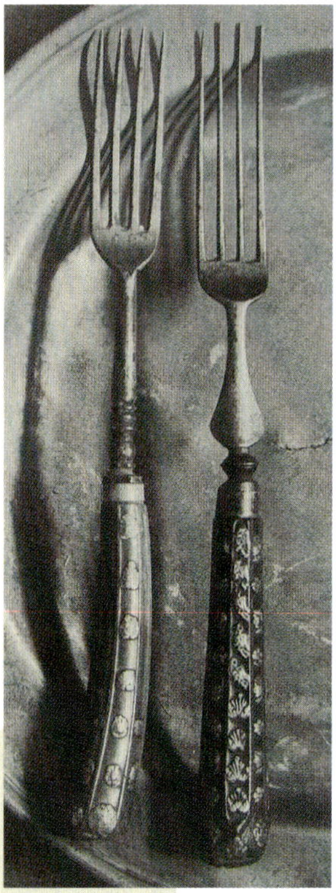

Schließlich die beiden Gabeln auf dem Zinnteller. Die sehen den heutigen schon sehr ähnlich. Sie stammen ebenfalls aus Europa, aus der Zeit um 1800 herum. Das ist die Zeit, in der die Gabel, so wie wir sie kennen, in Europa ihren Siegeszug antrat. Heute ist sie gar nicht mehr wegzudenken, egal ob aus Metall am Mittagstisch oder aus Plastik an der Pommesbude.

Erst im 19. Jahrhundert, also achtzehnhundert und ein paar Zerquetschte, empfand man die Tischsitte, das Fleisch mit dem Messer zum Mund zu führen, als Unsitte, und von da an begann man bei uns, die Gabel zu benutzen.

Die Amerikaner verlachten die Gabel übrigens lange Zeit als »europäisches Gehabe«, bis reiche und einflussreiche Familien, wie zum Beispiel die Rockefellers, sie als Esswerkzeug benutzten und so gesellschaftsfähig machten. Schon verrückt, dass man bei so einem alltäglichen Gegenstand nicht weiß, wann, wie, wo und von wem er erfunden wurde.

33 Was schneidet an einem Rasenmäher?

Rasenmäher gibt es in verschiedenen Größen und mit unterschiedlichen Antrieben. Es gibt welche, die einen Benzinmotor haben und ziemlich viel Krach machen. Andere werden von einem Elektromotor angetrieben. Und wieder andere muss man mit der Hand schieben.

Ich habe mir einen ganz einfachen ausgesucht, nämlich einen, den man mit der Hand schieben muss. An diesem Rasenmäher lässt sich die Funktionsweise am besten zeigen.

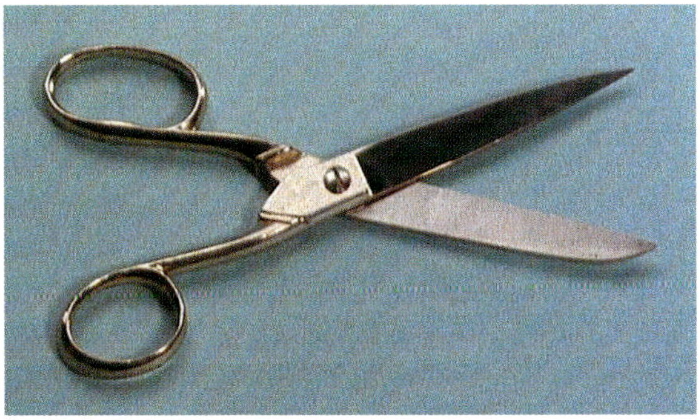

Wie eine Schere schneidet, weiß jeder. Dieser Rasenmäher arbeitet nach dem gleichen Prinzip. Auch der Rasenmäher hat zwei Schneideflächen, die, wenn sie sich aneinander vorbeibewegen, etwas abschneiden. Nur sehen die etwas anders aus.

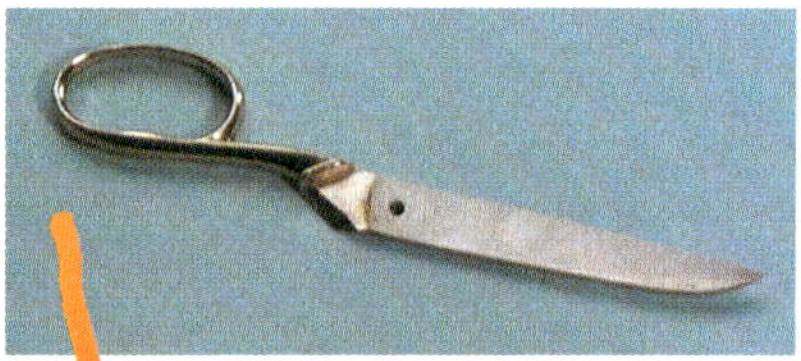
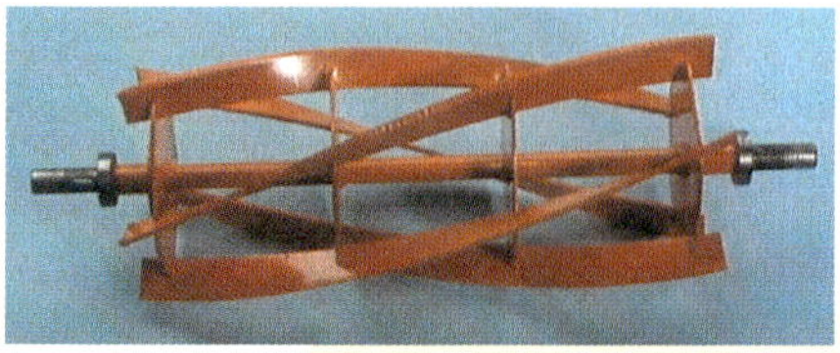

Was bei der Schere die eine Schneidefläche ist, ist bei unserem Rasenmäher diese **Messerwalze** mit den fünf schrägen Messern.

Damit sie scharf ist, müssen die einzelnen Messer erst geschliffen werden. Auf dem rechten Bild, was da so glänzt, das ist dann eine der scharfen Messerkanten.

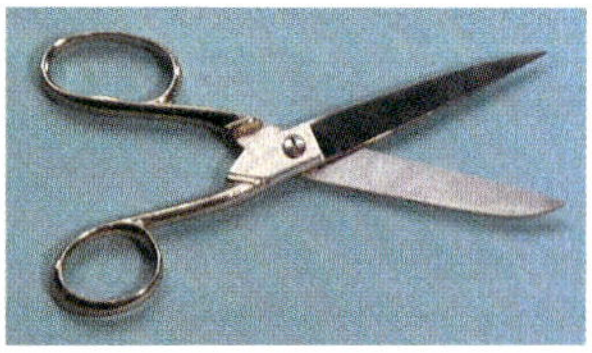

Und was bei der Schere die zweite Schneidefläche ist, ist beim Rasenmäher dieser grüne **Scherbalken**. Der ist starr am Gehäuse des Rasenmähers befestigt. Auch der ist an der Vorderseite scharf geschliffen.

Wenn sich die Messerwalze dreht, weil sie von den Rädern angetrieben wird, kommt sie mit den scharfen Messern am Scherbalken vorbei. Und wenn sich jetzt etwas zwischen Messerwalze und Scherbalken befindet, wird es abgeschnitten.

Ich zeige hier mal, wie die fünf schrägen Messer auf der Walze dieses Herbstblatt in fünf Schritten zerschnibbeln, bis hin zum Stiel. (Das solltet Ihr allerdings nicht nachmachen, denn die Messer sind ganz schön scharf.)

Und das Gleiche macht der Rasenmäher mit dem Rasen, wenn die einzelnen Blätter dazwischenkommen.

Ein Rasenmäher schneidet also durch das Zusammenwirken der sich drehenden Messerwalze mit dem am Gehäuse befestigten Scherbalken. Beides zusammen wirkt wie eine Schere.

34 Was saugt an einem Staubsauger?

Klar, der Schlauch und unten die Düse sind dazu da, den Schmutz vom Boden zu holen. Aber der Schlauch selber saugt nicht, also erst mal weg damit.

Auch ohne Schlauch brummt der Staubsauger noch, wenn man ihn anschaltet. Um herauszufinden, wie das mit dem Saugen funktioniert, müssen wir das Oberteil abnehmen.

Darunter ist nur der **Auffang-behälter**, so eine Art Eimer, mit einer Papiertüte.

Das, was saugt, muss also bei unserem Staubsauger im oberen Teil versteckt sein. Dieses gelbe Ding sieht auch schon eher so aus, als hätte es was mit Saugen zu tun. Schraub ich mal ab.

Darunter wieder nur ein schwarzes Kunststoffgehäuse. Ich fürchte, da muss ich zu härteren Maßnahmen greifen.

Jetzt liegt das Oberteil auf meinem Arbeitstisch. Einige Schrauben sind zu lösen, dann lässt sich auch das Kunststoffgehäuse abnehmen.

Darunter sitzt etwas Metallenes, das so aussieht wie das Gehäuse von einem Motor. Ich glaube, wir kommen der Sache näher. Im nächsten Schritt nehme ich das Ganze aus der gelben Schale raus und drehe es mal um.

Bingo! Da ist das Teil, das den Staubsauger erst zu einem »Sauger« macht.

Das Entscheidende beim Staubsauger ist dieses Luftrad, man kann auch sagen: dieser Propeller.

Der tut im Prinzip nichts anderes als der Propeller bei einem Flugzeug: Er transportiert Luft von vorne nach hinten, zieht das Flugzeug dabei vorwärts und bringt es schließlich zum Fliegen.

Das Wort »Propeller« kommt übrigens aus dem Lateinischen und heißt übersetzt: der »Nach-vorne-Zieher«.

Beim Staubsauger findet das alles in einem geschlossenen Gehäuse statt. Nur dient die transportierte Luft hier nicht dazu, den Staubsauger zum Fliegen zu bringen.

Da die Luft vom Propeller durch den Schlauch des Staubsaugers angesaugt wird, entsteht vorne an der Düse oder am Schlauch ein Unterdruck, der den Staub vom Boden oder aus dem Teppich holt.

Ihr fragt euch jetzt vielleicht, was ein **Unterdruck** genau ist?
Wenn man sich vorstellt, dass in zwei nebeneinanderliegenden Räumen der gleiche Luftdruck herrscht (was bei gleicher Raumtemperatur auch so ist) und man in die Wand zwischen den beiden Räumen einen Propeller einbaut und anschaltet, dann passiert Folgendes: Der Propeller saugt die Luft aus dem einen Raum ab und bläst sie in den zweiten Raum hinein. Das würde bedeuten, dass in dem Raum, in dem die Luft abgesaugt wird, nach kurzer Zeit weniger Luft wäre. Dann spricht man von Unterdruck. In dem Raum, in den die Luft hineingepustet wird, würde mehr Luft sein. Hier herrscht ein Überdruck.

Wenn der Raum, aus dem die Luft abgesaugt wird, nun so dicht abgeschlossen (isoliert) ist, dass von nirgendwo her neue Luft nachströmen kann, könnte man diesen Raum absolut luftleer saugen. Vorausgesetzt natürlich, der Propeller ist stark genug. Das bezeichnet man dann als ein **Vakuum** (als luftleeren Raum).

Fazit:
Wo Luft abgesaugt wird, spricht man von Unterdruck, wo Luft hineingepustet wird, von Überdruck. Beim Staubsauger herrscht vorne an der Düse, da, wo die Luft abgesaugt wird, ein Unterdruck. Hinter dem Propeller, also im Staubsack, herrscht ein Überdruck.

Die angesaugte Luft bleibt nun nicht im Staubsauger, sonst würde er ja platzen, sondern sie wird zunächst durch den Staubbeutel geleitet.

Der wirkt wie ein ganz feines Sieb, hält alles, was man aufgesaugt hat, fest und lässt die gereinigte Luft hinten wieder raus.

Hier sauge ich gerade Konfetti vom Boden. Und weil so ein Staubsauger durch Unterdruck reinigt, wird er im englischsprachigen Raum auch als **»vacuum cleaner«** bezeichnet.

35 Wie kommt die Mine in den Bleistift?

Zunächst eine Information, die euch sicher überraschen wird: Eine Bleistiftmine enthält kein bisschen Blei. Man dachte früher nur, sie sei aus Blei, weil die Mine so silbrig glänzt wie Blei.

Eine Bleistiftmine besteht aus Ton und Ruß. Diese beiden Bestandteile werden in flüssigem Zustand gemischt. Die schwarze Masse, die dabei entstanden ist, wird dann durch enge Düsen gepresst, und heraus kommt ein Strang, so dick wie eine Mine.

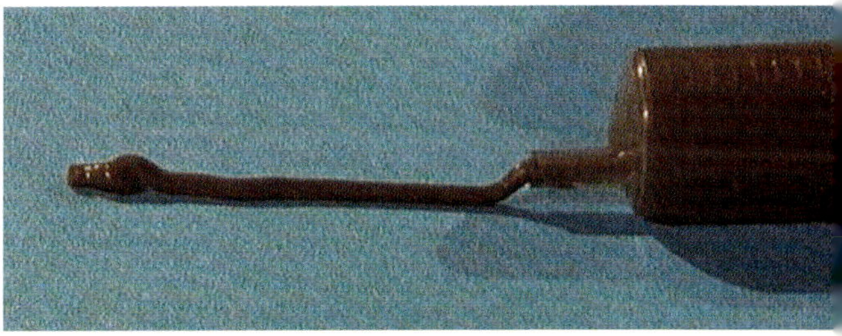

Natürlich macht das die Düse in der Fabrik viel genauer, als ich das mit so einer Spritze hinkriegen konnte. Aber: So in etwa muss man sich das vorstellen.

Ordentlich werden die noch feuchten Minen auf ein Band gelegt.

Danach in Kisten gepackt, von oben beschwert, damit sie sich nicht verbiegen können, und anschließend in einem Ofen gebrannt. Jetzt sind die Minen schon so hart, dass man damit schreiben kann. Nur wie kommen sie in den Bleistift?

Es geht los mit jeder Menge Brettchen. Die sehen alle gleich aus, von oben und von unten, und sie haben die gleiche Größe.

Hintereinandergelegt laufen sie alle unter einer Fräse durch, die auf der Oberseite dünne Rillen in die Brettchen schneidet. Genauso dünn, wie eine Bleistiftmine dick ist.

Was die Fräse rasend schnell macht, und ohne dass man etwas Genaues sieht, zeige ich rechts noch mal mit einem Rillenmesser.

In die Rillen kommt jetzt Leim. Das ist das Weiße, was man links sieht.

Danach kommen alle Brettchen auf eine Maschine, die gleich verschiedene Sachen macht: Sie trennt die Brettchen und verteilt sie auf zwei Straßen. Auf der linken Straße liegen die Brettchen mit den geleimten Rillen nach oben. Auf der rechten Straße werden die Brettchen – da, wo es so aussieht wie ein Wasserrad – umgedreht, sodass sie mit den Rillen nach unten zeigen.

Was da so aussieht wie ein Drahtkorb, ist ein Karussell, das in der linken Straße die gebrannten Minen in die Rillen der Brettchen legt. Die quer stehenden Stäbe, das sind die Minen.

Und so sieht das nach dem Karussell aus. Ich habe aber hier nur drei Minen eingelegt.

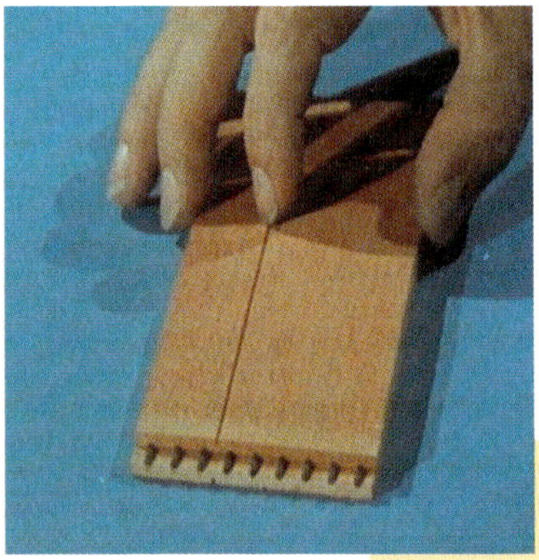

Danach legt die Maschine die Brettchen von der rechten Straße – die, die eben umgedreht wurden – oben auf die Brettchen mit den Minen drauf. Mit dem Leim von eben klebt alles zusammen.

Die zusammengeleimten Brettchen laufen wieder unter einer Fräse durch. Die bearbeitet erst den oberen Teil. So ähnlich, wie ich das hier mit dem Messer zeige, nur viel schneller und genauer.

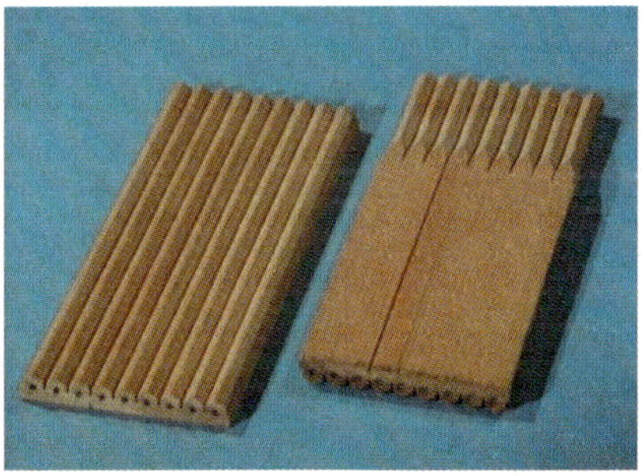

Eine weitere Fräse arbeitet von unten. So kommt die sechseckige Form zustande. Dann sind die Bleistifte fertig und voneinander getrennt.

So verlassen sie die Maschine. Etwas fehlt aber noch: die Farbe.

Zum Lackieren werden die Stifte einfach unten durch einen Farbtopf gedrückt und hier kommen sie dann zum Beispiel grün raus.

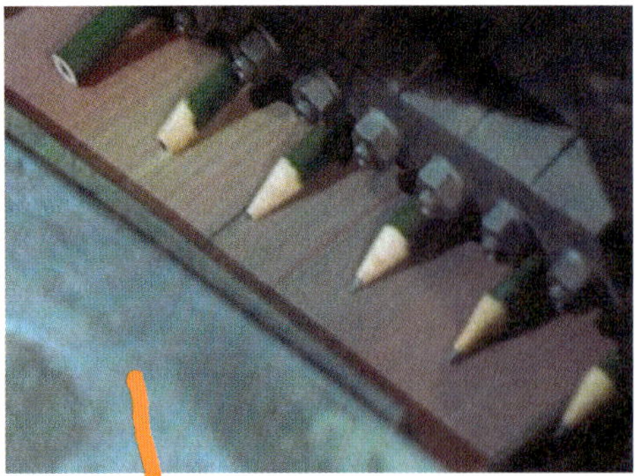

Angespitzt werden sie auch noch. Rasend schnell, im Vorbeifahren. Dabei drehen sich die Stifte und das Anspitzen selbst erledigt ein sich ebenfalls drehendes Band mit Schleifpapier.

So kommen die Minen in den Bleistift.

36 Woher weiß der Computer, wenn ich auf den Buchstaben »A« drücke, dass das ein A und keine 1 sein soll?

Bei einem Computer unterscheidet man zwischen Hardware und Software. Die Hardware (übersetzt: »das harte Zeug«) ist all das, was man anfassen kann. Zum Beispiel das Gehäuse, der Bildschirm, die Tastatur oder die Computer-Maus.

Was aber den Computer zum Arbeiten bringt, ist die sogenannte **Software** (übersetzt: »das weiche Zeug«). Und dass der Computer weiß, dass ich auf den Buchstaben »A« gedrückt habe, das hat mit der Software zu tun.

Die Software arbeitet mit Strom. Und der ganze Computer ist eine enorm schnelle und große elektrische Rechenmaschine. Aber wie macht der Computer das genau?

Die kleinste Einheit der Software in einem Computer ist ein **»Bit«**.
Dieses Bit kann man mit einem Lichtschalter in der Wand vergleichen. Und es tut auch dasselbe:
Es schaltet Strom an und aus.

Ein Bit taucht aber nie alleine auf, es sind immer acht nebeneinander. Also im Prinzip acht Lichtschalter nebeneinander. Und acht Bits nebeneinander nennt man ein **»Byte«**.

Um das alles zu verdeutlichen, habe ich jetzt mal acht Schalter mit jeweils einer Lampe verbunden. Das soll jetzt ein Byte darstellen. Alle Lampen sind aus, alle Schalter stehen auf null, denn es soll noch kein Strom fließen.

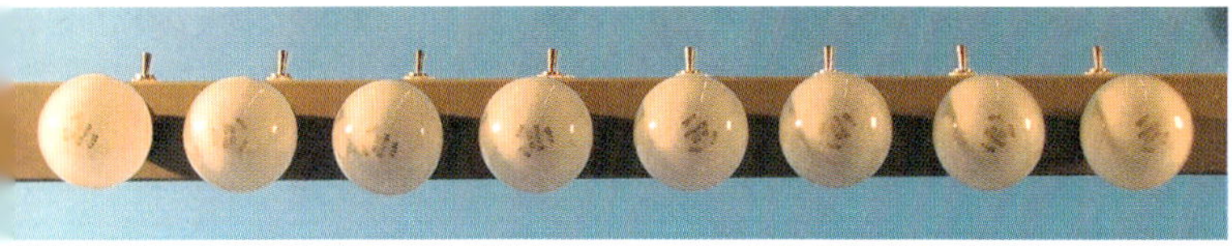

Mit diesen acht Schaltern kann man 256 verschiedene Zustände von »Strom an« und »Strom aus« darstellen.

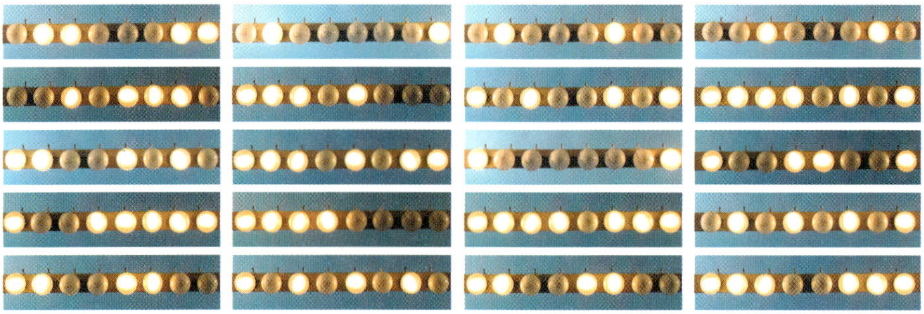

Hier sind ein paar mögliche Schaltzustände abgebildet.
Die Lampen leuchten in unterschiedlichen Kombinationen.

Mit diesen acht Lampen können jetzt Zahlen und Buchstaben in einer Art Geheimschrift, man kann auch sagen **Codierung**, dargestellt werden. Wie das geht?

Wenn man sich vorstellt, dass jeder dieser acht Schalter (oder Lampen) für eine Zahl steht, die doppelt so groß ist wie die vorherige, dann sieht das – von rechts nach links gesehen – so aus:

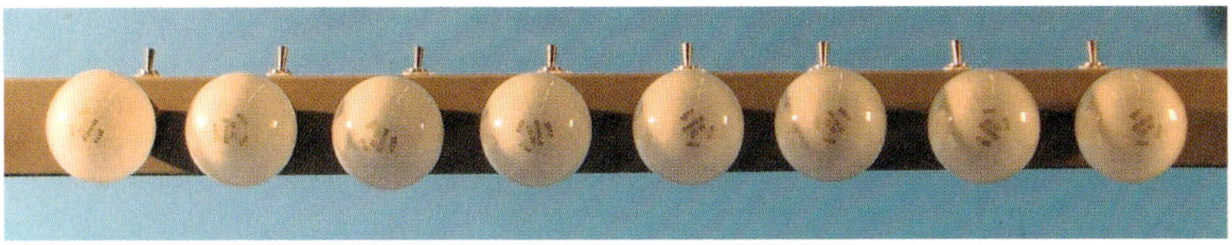

128 64 32 16 8 4 2 1

Bei Zahlen kann man sich noch ziemlich leicht klarmachen, wie das mit der Verschlüsselung funktioniert. Und damit es beim ersten Schritt nicht allzu kompliziert wird, decke ich für den Augenblick mal die ersten vier Lampen ab.

Will man jetzt zum Beispiel die Zahl »Null« darstellen, dann ist klar: Alle Schalter sind aus. Es fließt kein Strom. In Stromimpulsen ausgedrückt, würde das so aussehen: **X-X-X-X-0-0-0-0**.

Will ich die Zahl »Eins« darstellen, ist das immer noch ganz leicht, ich muss nämlich nur den ersten Schalter anmachen.

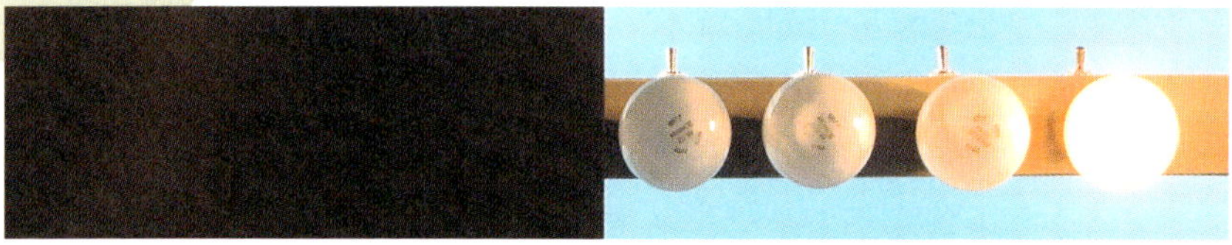

In Stromimpulsen ausgedrückt: **X-X-X-X-0-0-0-1**, erster Schalter an, die anderen aus.

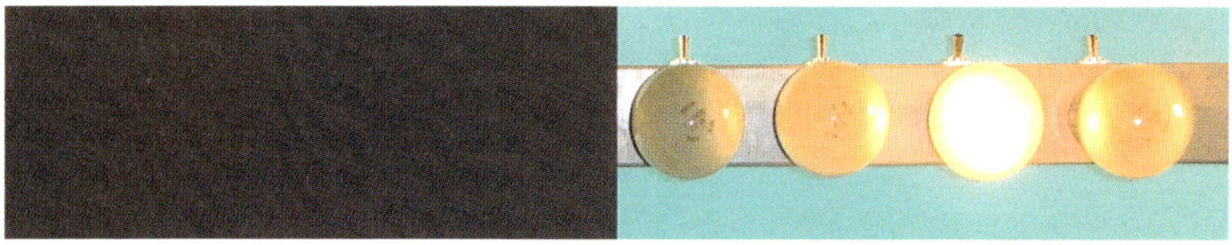

Die Zahl »Zwei« ist auch kinderleicht: erster Schalter aus, dafür ist jetzt der zweite Schalter an. In Strom ausgedrückt: **X-X-X-X-0-0-1-0**.

Die Zahl »Drei« wäre die 1 + 2 = 3. In Strom ausgedrückt: **X-X-X-X-0-0-1-1**, die ersten zwei Schalter an, die anderen aus.

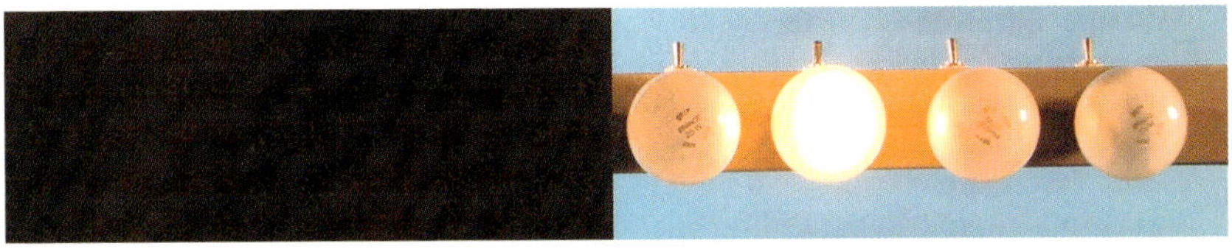

So kann ich die Zahl »Vier« darstellen: Die ersten beiden Schalter sind aus, der dritte ist an. In Strom ausgedrückt: **X-X-X-X-0-1-0-0**.

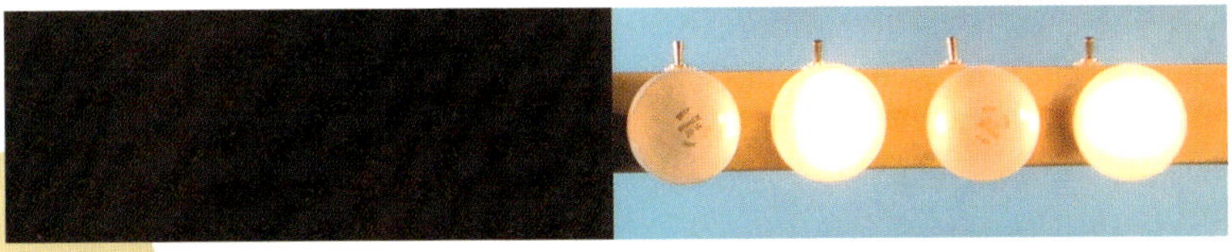

Die Zahl »Fünf« wäre: 1 + 4 = 5. In Strom ausgedrückt: **X-X-X-X-0-1-0-1**, an, aus, an, danach wieder aus.

Und so sieht die Zahl »Neun« aus. 1 + 8 = 9, also: an-aus-aus-an, oder auch: **X-X-X-X-1-0-0-1**.

Jetzt machen wir den nächsten Schritt und dazu decke ich die anderen vier Lampen wieder auf, denn ganz so einfach – nur mit den hinteren vier Lampen – ist es auch nicht.

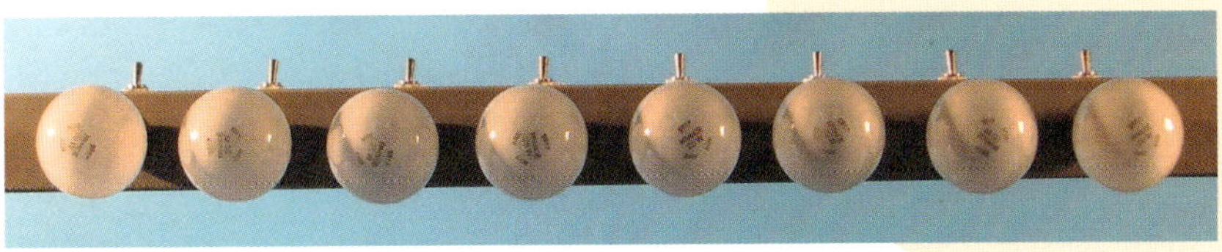

Man muss sich nämlich eins merken, das ist ganz wichtig: In einem Computer werden Buchstaben und Zahlen in der Regel immer mit acht Schalterstellungen, also mit acht Bit oder mit einem Byte verschlüsselt.

1 Byte kann entweder eine Zahl, einen Buchstaben oder auch ein Satzzeichen, zum Beispiel einen Punkt, ein Komma oder ein Fragezeichen, darstellen.

Aber wieso braucht man denn dann insgesamt 256 Schalterstellungen – wie ich eben geschrieben habe? Wir haben doch nur 26 Buchstaben und 10 Zahlen (richtiger wäre zu sagen 10 Ziffern)?

Die braucht man deshalb, weil man anhand der vorderen vier Schalterstellungen erkennen kann, ob das jetzt eine Zahl, ein Buchstabe oder ein Satzzeichen sein soll.

Es gibt Listen, in denen man nachschauen kann, welcher Buchstabe und welche Zahl in dieser Codierung wie aussehen. Hier ein paar Beispiele:

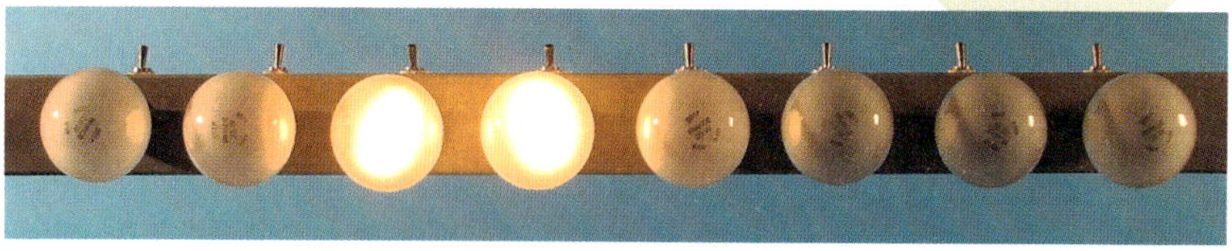

Die Zahl »Null« heißt: **0-0-1-1-0-0-0-0**.

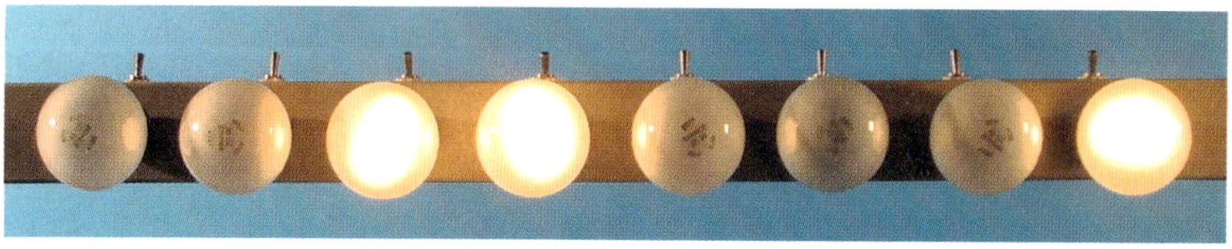

Die Zahl »Eins« wird so dargestellt: **0-0-1-1-0-0-0-1**.

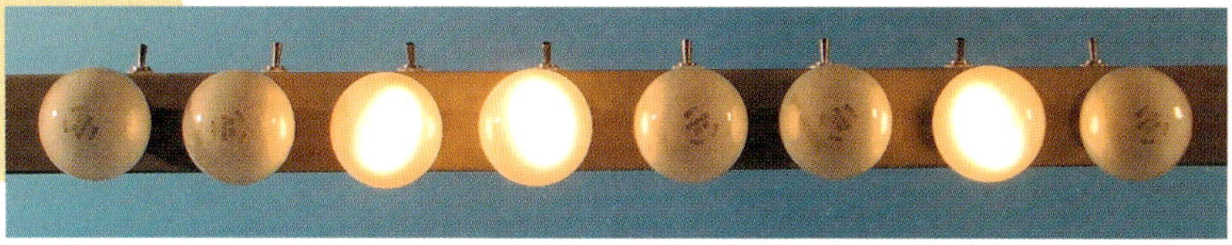

Die Zahl »Zwei« sieht so aus: **0-0-1-1-0-0-1-0**.

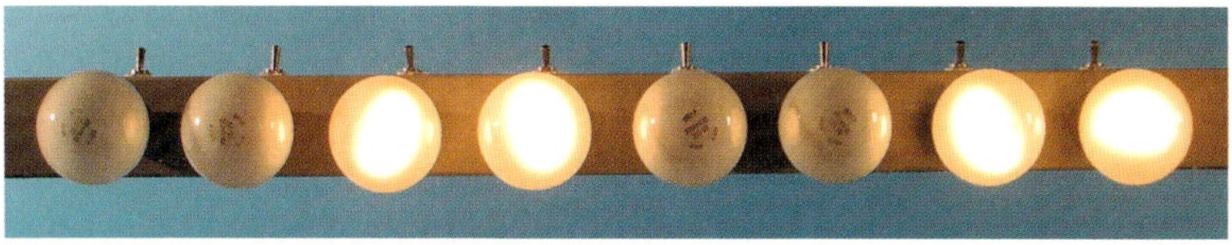

Die Zahl »Drei« so: **0-0-1-1-0-0-1-1**.

Und das ist die Zahl »Neun«: **0-0-1-1-1-0-0-1**.

Ist euch was aufgefallen? Wenn die ersten vier Stellen so aussehen: **0-0-1-1**, dann handelt es sich um eine Zahl.

Jetzt kommen wir zu den Buchstaben:
Das großgeschriebene »A« sieht verschlüsselt so aus:
0-1-0-0-0-0-0-1.

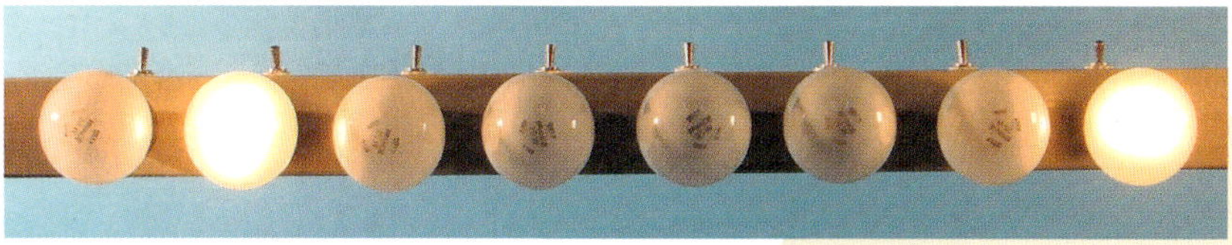

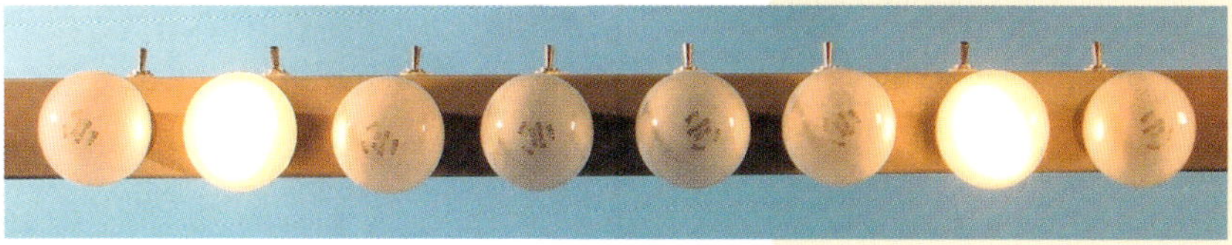

Das großgeschriebene »B« so: **0-1-0-0-0-0-1-0**.

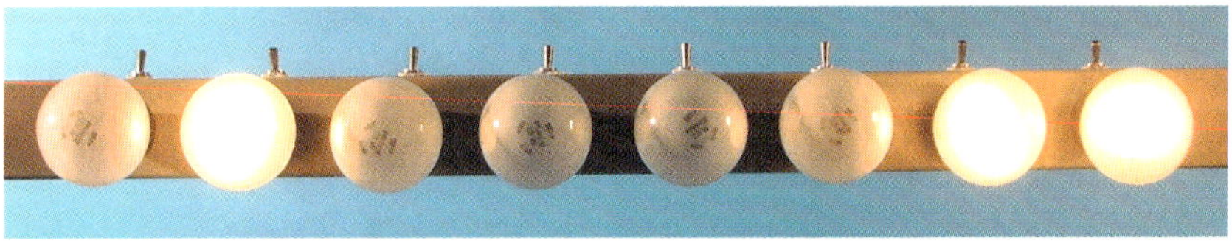

Und das großgeschriebene »C« wird so dargestellt:
0-1-0-0-0-0-1-1.

Die großen Buchstaben fangen vorne nicht mit **0-0-1-1** an, sondern vom »A« bis zum »O« mit **0-1-0-0**, und danach, vom »P« bis zum »Z«, mit **0-1-0-1**.

Wenn die ersten vier Stellen anders aussähen, dann könnten »A«, »B« und »C« auch die »1«, »2« und »3« sein.

Und damit man auch Klein- und Großbuchstaben auseinanderhalten kann, gilt wieder eine andere Verschlüsselung für die kleingedruckten Buchstaben.

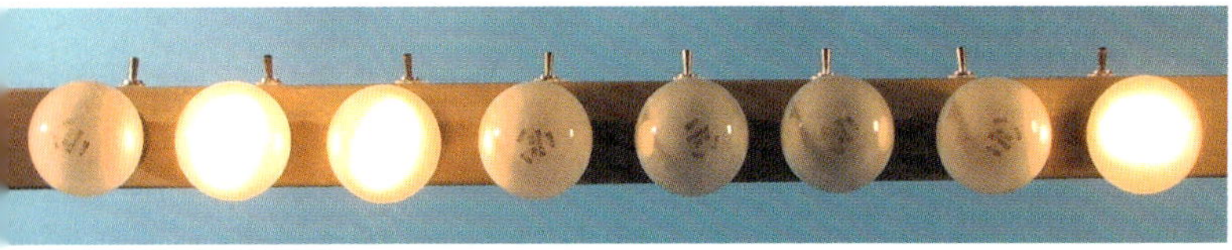

Das kleine »a« heißt: **0-1-1-0-0-0-0-1**.

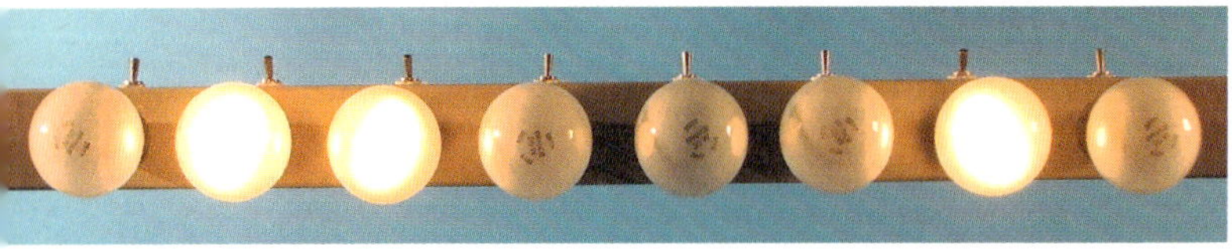

Das »b« sieht so aus: **0-1-1-0-0-0-1-0**.

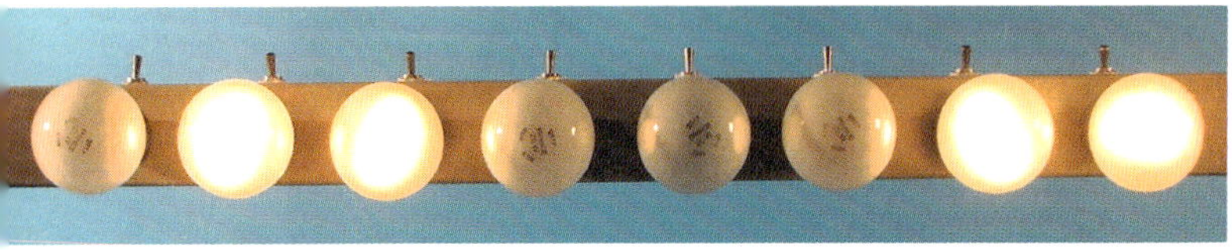

Und das ist das kleine »c«: **0-1-1-0-0-0-1-1**.

Wenn was mit **0-1-1-0** anfängt, dann ist es ein kleiner Buchstabe. (Vom kleinen »a« bis zum »o«.) Vom kleinen »p« an geht es mit **0-1-1-1** weiter.

Also:
An den ersten vier Stellen erkennt der Computer, ob es sich um eine Zahl, einen Groß- oder Kleinbuchstaben oder um ein Satzzeichen handelt.

Drückt man also auf der Tastatur auf den Buchstaben »A«, wird dadurch eine bestimmte Reihenfolge von Stromimpulsen ausgelöst, durch die der Buchstabe schließlich auf dem Bildschirm sichtbar gemacht wird.

Übrigens – aber nur für die absoluten Computer-Spezialisten unter euch: Beim Computer sind diese »Schalter« Teil der Software. Sie befinden sich im BIOS = Basic Input Output System. Das ist eine Art Werkzeugkasten, in dem auch die grundlegenden Belegungen der Tastatur festgelegt sind. Und da ist auch der Code des Buchstaben A hinterlegt. Das BIOS wiederum ist ein Baustein auf dem »motherboard« (dem »Mutterbrett«) und ist ein ROM (ein Read-Only-Memory). Das bedeutet, dass es nur gelesen, aber nicht verändert werden kann. Das BIOS sagt den Millionen Bausteinen, Schaltern, Transistoren, closed circuits und was es da sonst noch alles gibt, was wann wie geschaltet werden soll.

37 Wie wird die Drehung des Lenkrades beim Auto auf die Vorderräder übertragen?

Jeder von euch hat schon einmal in einem Auto gesessen und weiß, wozu das Lenkrad da ist. Dreht man es nach links, zeigen die Vorderräder nach links, dreht man es nach rechts, zeigen auch die Vorderräder nach rechts, logisch.

Aber wie wird aus der Drehung des Lenkrades die
seitliche Bewegung der Räder?

Selbst wenn man die Motorhaube öffnet, kann man keine Verbindung zwischen Lenkrad und Vorderrädern erkennen. Alles vollgestopft mit Technik.

Da müssen wir ein Modell zu Hilfe nehmen:
Das Lenkrad sitzt auf einer Achse. Die nennt man **Lenksäule**. Aber so eine durchgehende gerade Achse wie bei diesem Modell gibt es heute gar nicht mehr. Die Lenksäulen sind heute aus Sicherheitsgründen mehrfach geknickt, damit sie den Fahrer bei einem Unfall nicht aufspießen können. Aber egal ob geknickt oder ungeknickt, im Prinzip geht die Lenksäule nach vorne ungefähr dahin, wo die Vorderräder sind.

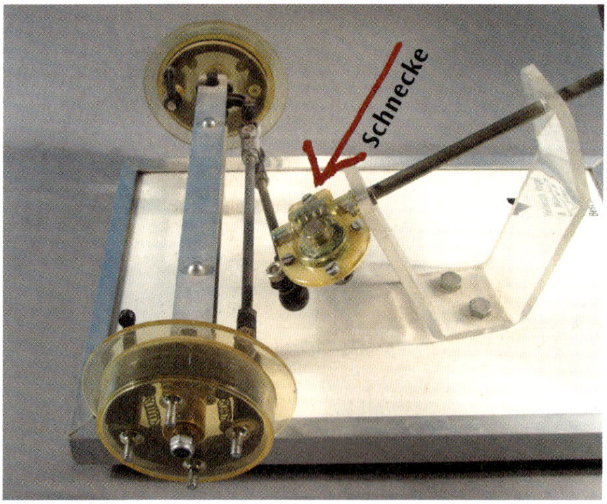

Die Lenksäule führt zum Lenkgetriebe. Dort, am Ende der Lenksäule, sitzt auf der Achse eine **Schnecke** (hinter dem runden Plastikgehäuse). Natürlich keine Gartenschnecke, sondern ein Ding, das ungefähr so aussieht wie eine Schraube, nur viel größer.

Bei unserem kleinen Modell sieht die Schnecke so aus (rechts neben dem runden Plastikteil).

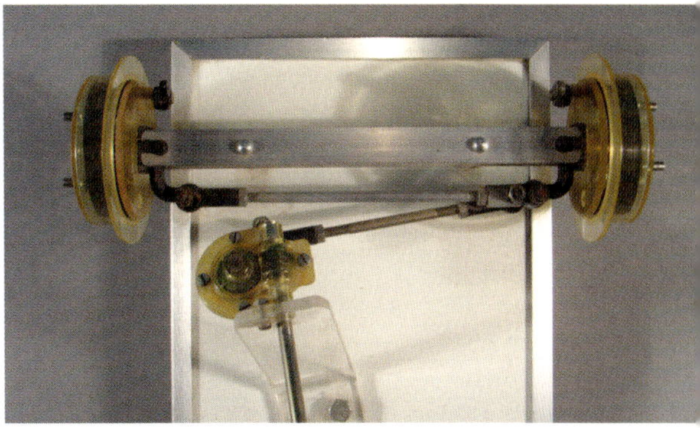

Und so sieht sie in einem echten Lenkgetriebe aus. Dieses hier haben wir mal aufgeschnitten, damit man hineinschauen kann.

Das silberne Ding links ist die Lenksäule. Auf der Schnecke sitzt eine Art »Mutter«, die je nach Drehrichtung der Lenksäule nach links oder rechts geschoben wird. Verbunden mit dieser Mutter ist ein Zapfen. Damit man sieht, was der bewirkt, habe ich da oben mal ein Stück Holz draufgeklemmt. So ungefähr wie im Bild oben sähe es am Lenkgetriebe aus, wenn das Auto geradeaus fährt.

Dreht man jetzt am Lenkrad in die eine Richtung, dann wandert die Mutter auf der Schnecke ans Ende vom Lenkgetriebe und mein Stück Holz zeigt nach links.

Dreht man das Lenkrad jetzt in die andere Richtung, wird die Mutter auf der Schnecke an den Anfang gezogen und mein Stück Holz zeigt nach rechts.

Und was bei meinem aufgeschnittenen Lenkgetriebe das Stück Holz war, ist bei diesem kleinen Modell der eiserne Hebel, der direkt unter dem gelben Gehäuse sitzt. Auch der wird seitlich hin und her bewegt.

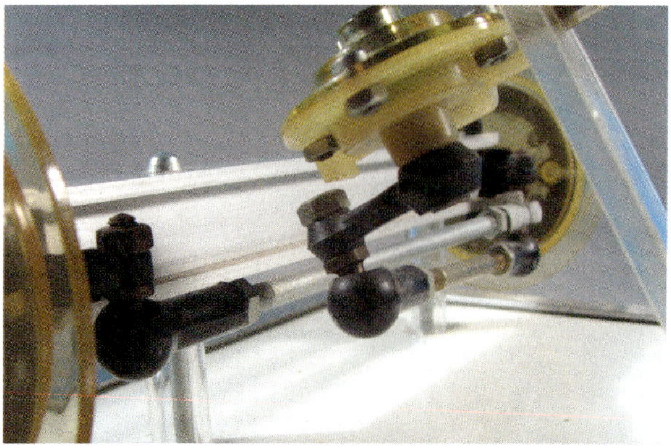

Und überträgt mit einer **Schubstange** die seitliche Bewegung auf die Räder.

Aus dieser Perspektive sieht man die Schubstange noch einmal deutlicher.

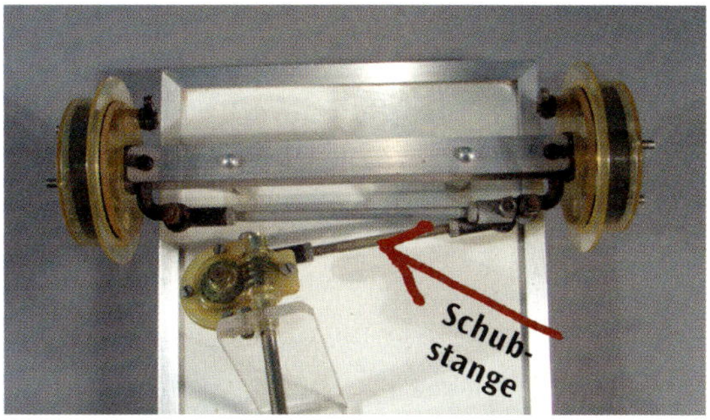

Einmal wird in die eine Richtung gelenkt und einmal in die andere.

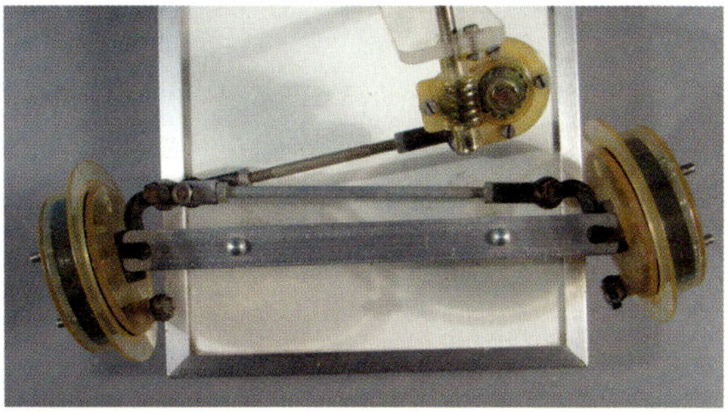

So einfach wird die Drehung des Lenkrads auf die Vorderräder übertragen.

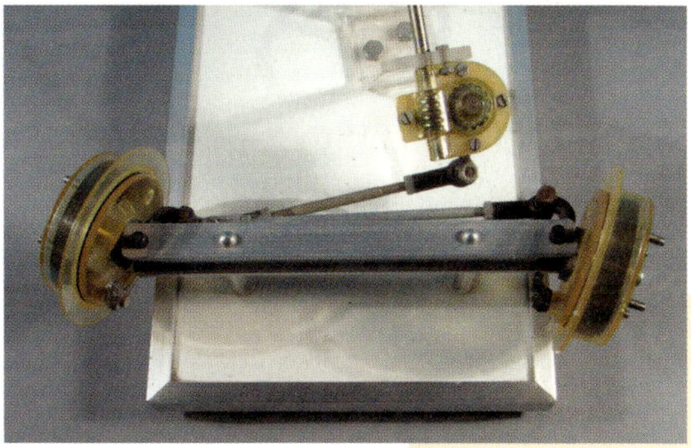

Neben der Lenkung mit der Schnecke gibt es auch noch die sogenannte **Zahnstangenlenkung**.

Die sieht so aus, macht aber im Prinzip das Gleiche, nämlich aus der Drehbewegung des Lenkrades die Seitenbewegung der Vorderräder.

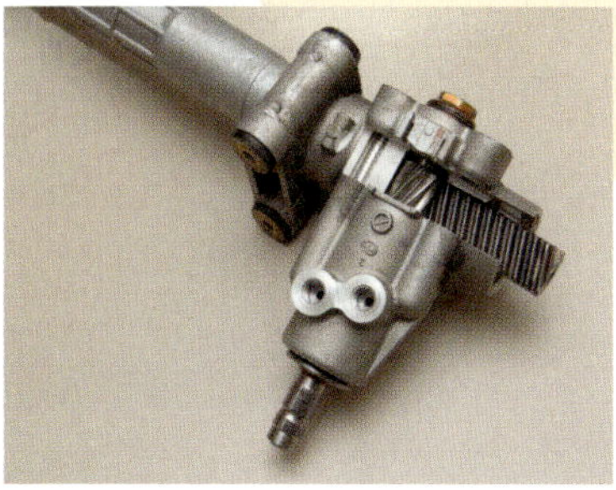

38 Gibt es am Kugelschreiber wirklich eine Kugel?

Ja, die gibt es tatsächlich. Sie ist winzig klein, sitzt vorne in der Spitze und ist das, womit man schreibt.

Hier sieht man die Spitze einer Kugelschreibermine von der Seite, auf dem Bild rechts oben genau von vorne – stark unter dem Mikroskop vergrößert.

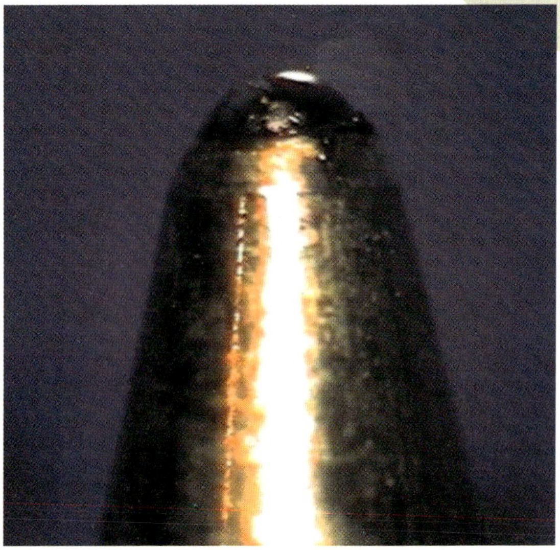

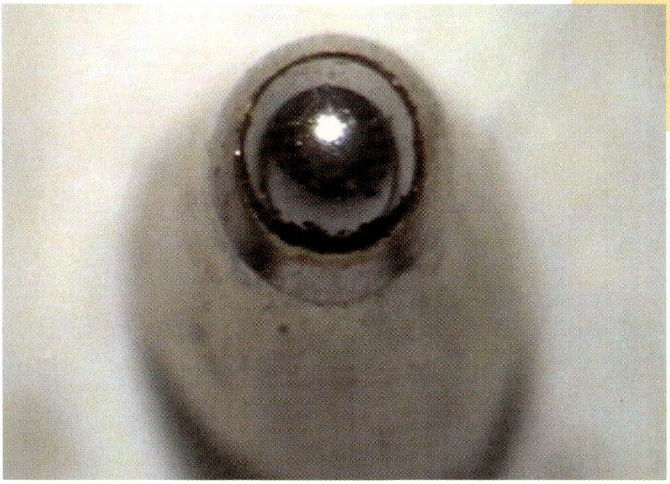

Während man schreibt, dreht sich die Kugel andauernd und transportiert dabei die Schreibpaste aus der Mine aufs Papier.

Die Kugel ist nicht spiegelglatt, auch wenn es auf dem Foto so aussieht, sondern hat winzigste Vertiefungen. Mit diesen Vertiefungen dreht sie sich beim Schreiben andauernd an der Schreibpaste in der Mine vorbei und nimmt in den Vertiefungen kleine Mengen der Paste mit, die sie dann auf das Papier abgibt.

So einfach ist das mit dem Kugelschreiber.

39 Wie erzeugt ein Fahrraddynamo Strom?

Das kennt ihr alle: Wenn man einen Dynamo ans Rad klappt und dann losfährt, leuchtet die Fahrradlampe. Der Dynamo erzeugt also Strom. Aber wie macht er das?

Dazu müssen wir den Dynamo abbauen und ihn in seine Einzelteile zerlegen.

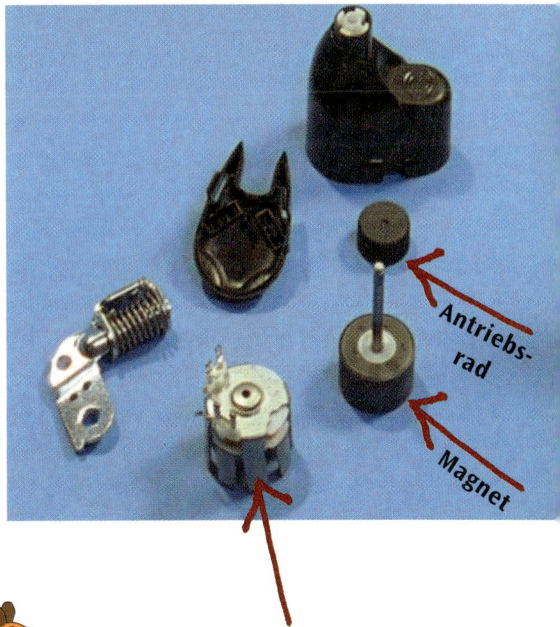

Die drei Teile links sind die Befestigung und das Gehäuse.
Die drei runden Teile rechts bilden zusammen das »Elektrizitätswerk«, das dafür zuständig ist, dass Strom (eigentlich erst mal Spannung) entsteht.

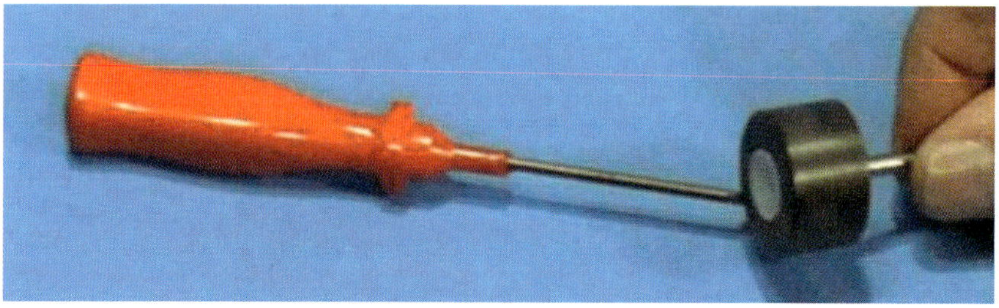

Wichtig ist das runde Teil mit der Achse dran. Das ist ein Magnet, damit ziehe ich gerade den Schraubenzieher weg.

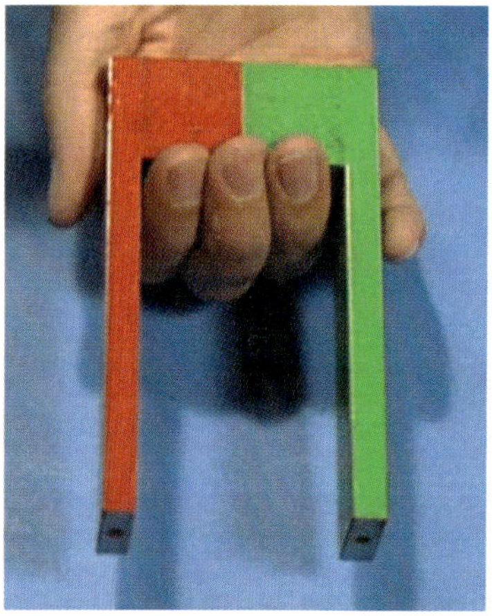

Das ist auch ein Magnet, allerdings ein stärkerer als der aus dem Dynamo. Dieser Magnet ist sogar so stark, dass er die Eisenteilchen auf der Glasplatte aufrichten kann, sodass sie wie ein Igel aussehen.

Merken muss man sich schon mal, dass jeder Magnet um sich herum ein sogenanntes »Magnetfeld« aufbaut.

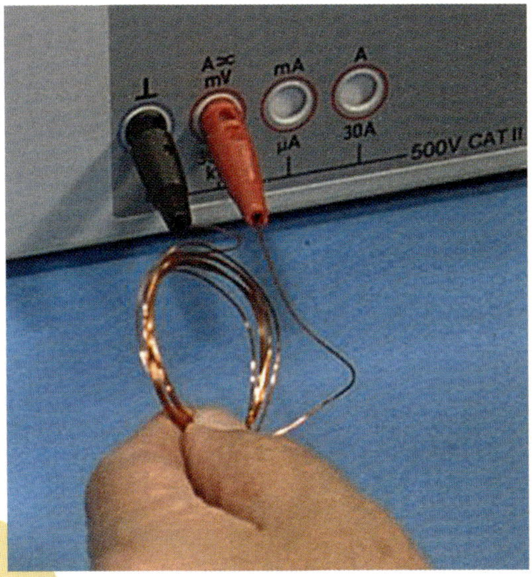

Weiter geht es mit einem Stück Kupferdraht. Um meine Finger habe ich ein paar Umdrehungen von dem Draht aufgewickelt, sodass ein kleiner Ring entstanden ist. Diesen Ring kann man schon eine kleine »Spule« nennen.
Die beiden Enden des Drahtes habe ich an ein Messgerät angeschlossen.

Wenn ich jetzt den Magneten durch diese Spule hin und her bewege, bewegt sich auch das Magnetfeld. Dadurch werden die Elektronen im Draht angeregt zu wandern. Es entsteht Strom. Das Messgerät ist ein »Verbraucher«, es zeigt den Strom an, indem der Zeiger ausschlägt.

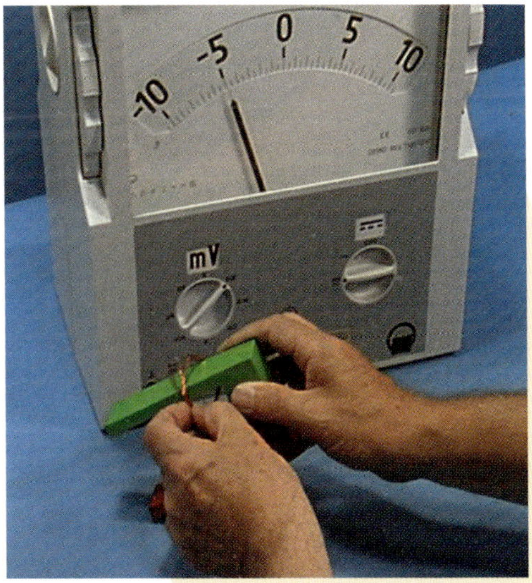

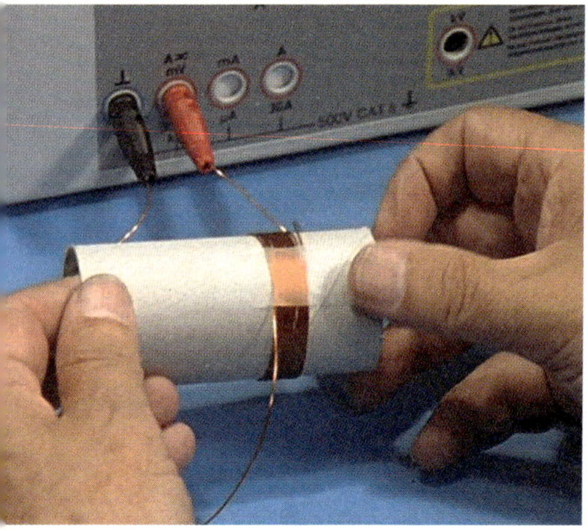
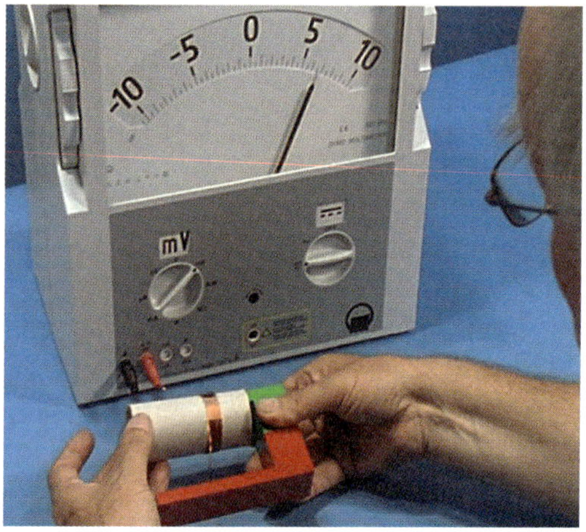

Wenn man den Draht nun fein säuberlich parallel nebeneinander aufwickelt – ich habe das hier mal um die Pappe einer Klorolle gemacht –, dann verstärkt sich der Effekt. Fahre ich dann mit dem Magneten in der Papprolle hin und her (wichtig ist die Bewegung), schlägt der Zeiger stärker aus, es entsteht mehr Strom. Die Pappe macht übrigens gar nichts aus, das Magnetfeld geht einfach durch die Pappe hindurch.

Und damit zurück zum Dynamo.

Links, das ist die Spule aus dem Dynamo, rechts sieht man den Magneten und ganz rechts das kleine Rädchen, das normalerweise vom Reifen gedreht wird.

Wenn ich die Spule nun an das Messgerät anschließe und mit der Hand das Rädchen drehe, schlägt der Zeiger aus. Jetzt ist klar, wie der Dynamo den Strom erzeugt. Dabei ist unerheblich, ob ich einen starken Magneten wie vorhin in der Klorolle hin und her bewege oder ob ich den Magneten vom Dynamo drehe.

→ **Wichtig ist die Bewegung.**

Jetzt können wir den Fahrraddynamo wieder am Rad befestigen und in die Pedale treten, dann leuchtet auch die Lampe wieder.

40 Wie funktioniert ein Elektromotor?

Beim Fahrraddynamo haben wir ja eben gesehen, wie das mit den Spulen und dem Magnetfeld funktioniert. Jetzt nehmen wir zwei etwas dickere Spulen und einen Doppelmagneten. Das ist das Teil auf dem rechten Bild, an dem die beiden Schraubenzieher hängen.

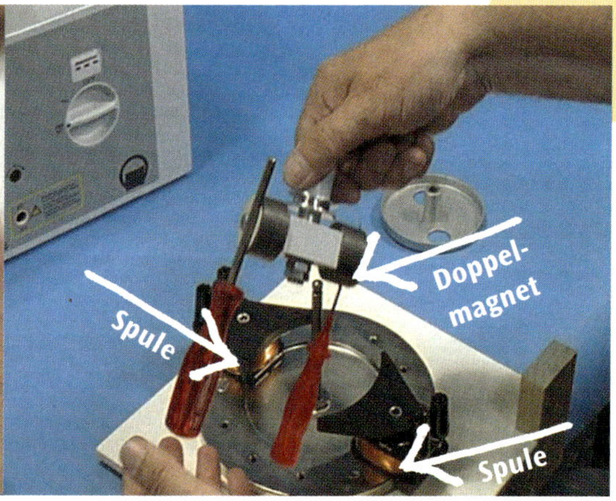

Den **Doppelmagneten** setze ich jetzt auf eine Achse, sodass er sich zwischen den **Spulen** drehen kann. (Die beiden Spulen befinden sich senkrecht über und unter dem Doppelmagneten, den ich mit der Hand drehe. Erkennbar an den kupfernen Wicklungen hinter der schwarzen Kunststoffabdeckung.)

Wenn ich nun mit der Hand an dem Doppelmagneten drehe, sieht man, dass schon eine ganze Menge Strom erzeugt wird.

Jetzt kann man das System aber auch umdrehen: also die Spulen nach innen setzen und die Magneten nach außen.

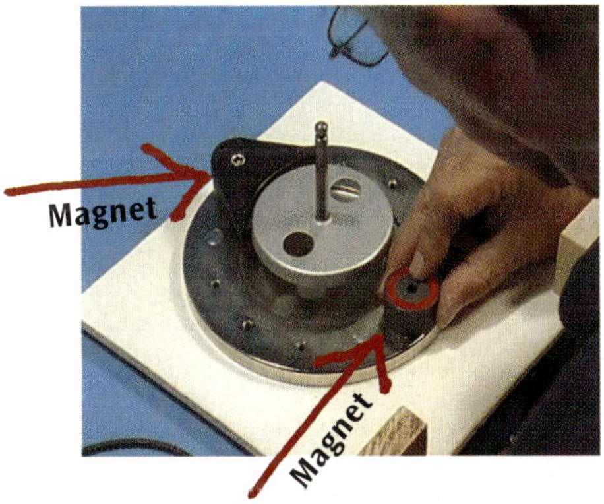

Links baue ich gerade einen Magneten außen an, rechts stecke ich die beiden Spulen auf die Drehachse.

Wenn ich jetzt die Spulen mit der Hand anschiebe, entsteht durch die Bewegung Strom, wie eben. Nur bewegt sich nicht mehr der Magnet innerhalb der Spule. Sondern die Spule dreht sich in einem festen Magnetfeld. Denn die Magneten sind ja außen fest auf dem Metallring befestigt.

Merken kann man sich schon mal: Zum Entstehen von Strom sind immer zwei Dinge notwendig: Spule und Magnet. Im ersten Fall war es genauso wie beim Dynamo. Die Spule war außen fest und der Magnet bewegte sich innerhalb der Spule. Das hat den Vorteil, dass man den entstehenden Strom leichter abnehmen kann. Man braucht bloß zwei Kabel anzuschließen.

Es ist also egal, ob sich ein Magnet innerhalb einer Spule oder eine Spule innerhalb eines Magnetfeldes bewegt. In beiden Fällen entsteht Strom, und zwar jeweils in der Spule.

In diesem zweiten Versuchsaufbau ist es genau umgekehrt.

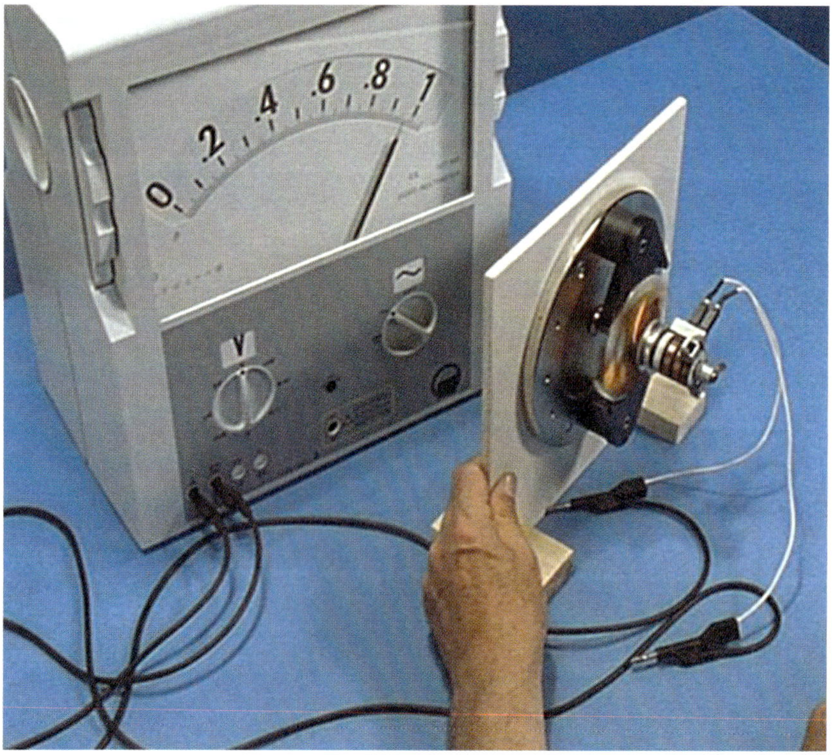

Der Strom, der entsteht, wenn die Spulen innen sind, wird in diesem Fall über **Schleifringe** abgenommen. Das ist die Stelle, an der die beiden weißen Kabel auf der Achse stecken.

Die Schleifer sieht man hier ganz gut, das sind die beiden Dinger rechts, von denen die weißen Kabel abgehen.

So, und jetzt drehen wir das System noch einmal um. Jeder Dynamo (oder auch Generator – was dasselbe ist, nur viel größer) kann zu einem **Elektromotor** umfunktioniert werden.

Und das geht so:
Anstatt wie vorher die Spulen zu drehen, um dadurch Strom zu erzeugen, der dann über die Schleifringe abgenommen werden kann, drehe ich das Ganze um:
Ich führe der Spule von außen über die Schleifringe Strom zu – so wird mein ehemaliger Dynamo zum Elektromotor.

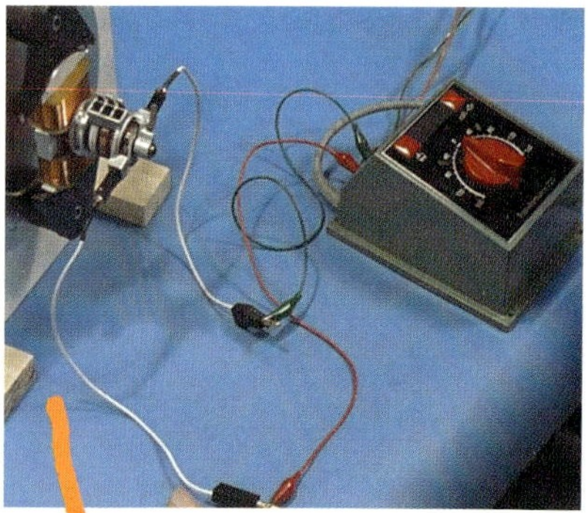 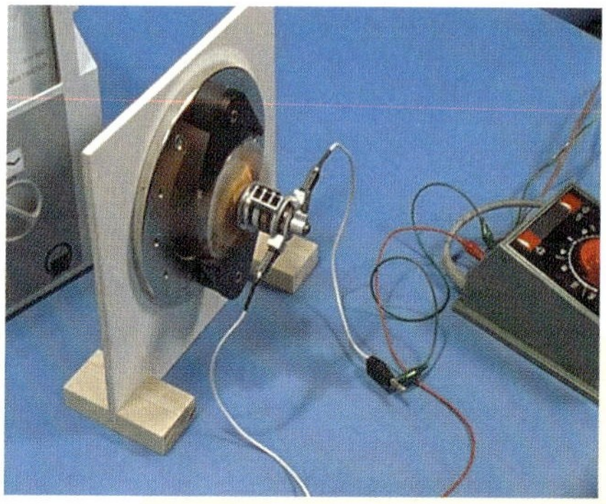

Hier habe ich die weißen Kabel mit dem Trafo von einer Spielzeugeisenbahn verbunden, und wenn ich nun durch diese Kabel Strom in die Spulen schicke, wird daraus ein Motor.

Weil der Dynamo aber nur eine begrenzte Menge Strom liefern konnte (das hängt mit der Anzahl der Wicklungen zusammen), darf ich ihm jetzt auch nur eine begrenzte Menge Strom zuführen. (Sonst würden die Wicklungen der Spulen durchbrennen.) Deswegen nur die 12 Volt vom Eisenbahntrafo.

Wichtig ist:

→ Ein Dynamo macht aus Bewegung Strom.

→ Ein Motor macht aus Strom Bewegung.

→ Ein Elektromotor funktioniert also genau umgekehrt wie der Dynamo.

Register